島田裕巳

キリスト教の100聖人

人名でわかる歴史と教え

GS 幻冬舎新書

703

キリスト教の１００聖人／目次

序　聖人とは何か
――概略キリスト教　13
バレンタインもサンタクロースも聖人だった　14
キリスト教の守護聖人と日本の八百万の神　15
聖人の条件と迫害と殉教　17
聖遺物としての聖人の遺骨・遺品　20
大量の聖遺物をもたらした十字軍　22
聖人をたどることで知ることができるキリスト教の歴史　25
四つの福音書「マタイ」「マルコ」「ルカ」「ヨハネ」の異同　28
聖人を生み出す源でもある外典と文書　30
もっとも名高い聖人伝『黄金伝説』　34

第1部　イエスの家族と
イエスとかかわりを持った聖人　35
1　聖母マリア　38
2　ヨセフ（イエスの養父）　40

3 アンナ（聖母マリアの母） 42
4 ヨアキム（聖母マリアの父） 44
5 ヤコブ（イエスの兄弟） 46
6 洗礼者ヨハネ 48
7 マグダラのマリア 50
8 マルタ 52
9 ラザロ 54
10 シメオン 56
11 ロンギヌス 58
12 アリマタヤのヨセフ 60

第2部 十二使徒 63

1 ペトロ 66
2 アンデレ 68
3 大ヤコブ 70
4 ヨハネ 72
5 フィリポ 74

6 バルトロマイ 76
7 トマス 78
8 徴税人マタイ 80
9 アルファイの子ヤコブ 82
10 タダイ 84
11 熱心党のシモン 86
12 マティア 88

第3部 パウロと福音書作者など 91

1 パウロ 94
2 テトス 96
3 テモテ 98
4 バルナバ 100
5 クレメンス1世 102
6 福音宣教者フィリポ 104
7 マルコ 106
8 ルカ 108

第4部 殉教者たち 111

1 ステファノ 114
2 アンティオキアのイグナティオス 116
3 ユスティノス 118
4 セシリア 120
5 アガタ 122
6 クリストフォロス 124
7 ラウレンティウス 126
8 キプリアヌス 128
9 ヴァレンティヌス 130
10 セバスティアヌス 132
11 シンプリキアヌスとファウスティヌス 134
12 パンクラティウス 136
13 エウペミア 138
14 ルキア 140
15 カテリナ 142
16 ゲオルギウス 144

第5部　キリスト教公認から教義の確立まで　147

1　コンスタンティヌス1世　150
2　シルウェステル1世　152
3　ヘレナ　154
4　パウロス　156
5　ニコラウス　158
6　大アントニオス　160
7　ヒラリウス　162
8　アタナシオス　164
9　エフレム　166
10　バシレイオス　168
11　ナジアンゾスのグレゴリオス　170
12　ニュッサのグレゴリオス　172
13　アンブロジウス　174
14　ヨハネ・クリュソストモス　176
15　ヒエロニムス　178

16 アウグスティヌス 180
17 キュリロス 182

第6部 拡大するキリスト教 185

1 マルティヌス 188
2 ヤコボス 190
3 パトリキウス 192
4 ベネディクトゥス 194
5 グレゴリウス1世 196
6 カンタベリーのアウグスティヌス 198
7 アエギディウス 200
8 ボニファティウス 202
9 エウロギウス 204
10 ルイ9世 206
11 ウラジーミル1世 208

第7部　神学者と修道士　211

1　アンセルムス　214
2　トマス・ベケット　216
3　ベルナルドゥス　218
4　ドミニコ　220
5　フランチェスコ　222
6　アルベルトゥス・マグヌス　224
7　トマス・アクィナス　226
8　ビルギッタ　228
9　セルギイ　230
10　ジャンヌ・ダルク　232

第8部　宗教改革以降　235

1　トマス・モア　238
2　イグナチオ・デ・ロヨラ　240
3　フランシスコ・ザビエル　242

4 ワシリイ 244
5 テレサ 246
6 十字架のヨハネ 248
7 カトリーヌ・ラブレ 250
8 ベルナデット・スビルー 252
9 テレーズ 254
10 ニコライ 256
11 ニコライ2世 258
12 ピオ神父 260
13 マザー・テレサ 262
14 日本二十六聖人 264
おわりに 266
索引 271

DTP 美創

序　聖人とは何か

——概略キリスト教

バレンタインもサンタクロースも聖人だった

キリスト教の信仰世界には、「聖人《せいじん》」が存在する。

2月14日はバレンタイン・デーだが、バレンタインはヴァレンティヌスという聖人に由来する。クリスマスにつきもののサンタクロースも、もとはニコラウスという聖人であったとされる。バレンタイン・デーもクリスマスも、キリスト教以外の世界にも広がっているので、聖人もキリスト教の枠を超えたと見ることができる。

キリスト教の聖人は「聖者」とも呼ばれるが、カトリック教会では、神を「崇拝《すうはい》」（英語ではworship）することと、聖人を「崇敬《すうけい》」（同じくveneration）することを区別している。したがって、聖人を崇《あが》めることは、聖人崇拝ではなく聖人崇敬と呼ばれる。

聖人はキリスト教に限らず、どの宗教にも存在する。聖人は英語ではsaintだが、その訳語として用いられた漢語の聖人ということばはもともとは儒教《じゅきょう》の概念である。儒教の聖《せい》典《てん》の一つである「易経《えききょう》」の繋辞上伝《けいじじょうでん》には、「易に聖人の道四つ有り」といった形で登場する。儒教における聖人は、「知徳が最もすぐれ、万人が仰ぎ師表《しひょう》とすべき人」（『広辞苑』第五版）を意味する。具体的には、理想とされる古代の尭《ぎょう》や舜《しゅん》といった皇帝、そして儒教を開いた孔子《こうし》などが、ここで言う聖人である。

仏教では、聖人を「しょうにん」と読み、悟りを開いた高僧を意味する。法然《ほうねん》聖人や親《しん》鸞《らん》聖人などである。日蓮《にちれん》の場合になると、信仰者からは日蓮大聖人と呼ばれることが多い。

イスラム教にも、聖人に対する信仰があり、とくに聖人を葬った廟《びょう》（死者を祀《まつ》る宗教施設）が対象になってきた。イスラム教のような一神教《いっしんきょう》では、神だけが信仰の対象であり、それ以外の存在を信仰の対象にすることは本来なら禁じられている。したがって、イスラム教の知識人からは批判されてきたが、聖人廟に対する信仰は盛んで、現在のイスラム教においても、聖人崇敬は人々を救う上で重要な役割を果たしている。

キリスト教の守護聖人と日本の八百万の神

キリスト教は、イスラム教と同様に、ユダヤ教の伝統を引き継いでいる。ユダヤ教においては、モーセに下された「十戒《じっかい》」があり、そこで神は、自分以外の神を信仰の対象にしてはならないと厳しく戒めている。キリスト教では、初期の段階において、神と神の子イエス・キリスト、そして聖霊《せいれい》からなる「三位《さんみ》一体《いったい》説」が教義として確立された。このうち聖霊をいかなるものとしてとらえるかはかなり難しい問題だが、聖母マリアは聖霊によってイエスを身籠《みご》もったとされるので、聖霊は神の働きとして考えることができる。だが、神の他に、神の子や聖霊が信仰の対象になるということは、多神教《たしんきょう》に道を開くものだと解釈することもできる。

神の絶対性が強調されると、その存在は、一般の信者からは遠ざかってしまい、かかわることが難しくなる。その際に、聖人が信者の抱える具体的な悩みや問題を解決し、日常の生活を守護する存在として浮上する。日本の神道では、八百万《やおよろず》の神々が信仰の対象になっているわけだが、キリスト教の聖人もこうした日本の神々と同じ役割を果たしていると見ることもできる。

キリスト教の世界は、カトリック、正教会《せいきょうかい》、プロテスタントに大きく分かれるが、他に、カトリックとも正教会とも立場を異にする「東方諸教会《とうほうしょきょうかい》」（シリア正教会やコプト正教会など）や、典礼《てんれい》は正教会のやり方に従うもののローマ教皇の権威を認める東方典礼カトリック教会、プロテスタントではあるもののカトリックの影響が色濃い「聖公会《せいこうかい》」などがある。プロテスタントについていえば、こちらはさらに多くの派に分かれている。

そのなかで聖人崇敬を認めているのは、カトリック、正教会、東方諸教会、東方典礼カトリック教会、聖公会、そしてプロテスタントのルター派である。プロテスタントの多くは、聖人崇敬を認めておらず、むしろそれを否定する。

聖人の条件と迫害と殉教

では、聖人はいったいどれだけの数存在するのだろうか。

キリスト教には、「聖人暦」、あるいは「聖人カレンダー」というものがある。そこでは、それぞれの日に関連づけられた聖人が列挙されている。そして、誕生日に関連づけられた聖人が、その人間の「守護《しゅご》聖人」になる。

ただ、同じ日に何人もの聖人が関連づけられていて、３６５人をはるかに超える。派によって認められた聖人は異なっており、全体の数を明らかにすることがそもそも難しい。それでも、数千人の聖人が崇敬の対象になってきたと考えられる。

現在のカトリックの場合には、聖人を認定するための仕組みが整えられている。聖人として認めることは「列聖《れっせい》」と呼ばれる。死後に列聖の可能性のある信仰者に対しては調査が行われることになるが、それが開始されると、対象者はまず「神のしもべ」と呼ばれる。次に要件を満たすと「尊者《そんじゃ》」と呼ばれる。列聖の作業を担うのは、１９６９年に創設されたバチカンの「列聖省」で、その前身は１５８８年に生まれた「礼部聖省《れいぶせいしょう》」であった。

尊者の次の段階が「福者《ふくしゃ》」で、福者と認められることを「列福《れっぷく》」と言う。教えに殉《じゅん》じて亡くなった殉教者《じゅんきょうしゃ》の場合には、無条件で福者として認められるが、信仰を貫き通したものの、それでは亡くならなかった「証聖者《しょうせいしゃ》」については、列福の条件として、奇跡を最低一つ起こしたことが求められる。奇跡のなかには、死後遺体が腐敗しなかったとか、祈りを捧げた人間の病を癒《いや》したといったことが含まれる。調査委員会が、本当に奇跡が起こったのかどうかを調査する。調査委員会には医師も加わり、医学的に証明できない治癒であることをもって、奇跡と認められることになる。

調査によって、福者としての条件が整っているとされれば、列聖省の枢機卿《すうききょう》委員会に諮《はか》られる。枢機卿は、ローマ教皇《きょうこう》の最高顧問で、教皇によって任命される。ローマ教皇が亡くなったり、生前に引退したりした際に新しいローマ教皇を指名するのも枢機卿たちの役割である。

福者が聖人として認められるためには、列福の後、さらにもう一つ奇跡を引き起こしたことが条件となる。これについても調査が行われ、条件を満たしていると判断されれば、教皇が列聖を宣言し、列聖式はバチカンのサン・ピエトロ大聖堂で盛大に執り行われる（こうした手続きについては、主にカトリック中央協議会の公式サイトにある「尊者・福者・聖人とは？」を参考にした）。

福者や聖人の条件として殉教があげられていることは、キリスト教の本質と歴史が深くかかわっている。キリスト教はイエス・キリストによる宣教活動からはじまるわけだが、イエスの教えは「福音《ふくいん》」と呼ばれ、それを広めていくことがキリスト教の信者のつとめとなった。布教が信者に義務づけられたわけである。

布教活動を展開したことで、次々と新しい信者が生まれていくならば、問題はない。だが、布教対象となる人々は、すでに別の信仰を持っている可能性が高く、異なる信仰の間では対立が起こりやすい。やがてキリスト教はローマ帝国のなかに広がっていくが、迫害を受け、多くのキリスト教信者が命を落としたとされる。その実態については必ずしも明らかになっていないことが多いのだが、当時のローマ教会は、多くの殉教者が生まれたととらえ、彼らを信仰者の模範として、その価値を高く評価し、聖人として崇敬の対象としたのである（ローマ帝国におけるキリスト教に対する迫害については、松本宣郎《まつもとのりお》『ガリラヤからローマへ—地中海世界をかえたキリスト教徒』講談社学術文庫に詳しいが、著者は迫害の事実にかんしてかなり慎重である）。

聖遺物としての聖人の遺骨・遺品

ただ、ローマ帝国がキリスト教を公認し、事実上の国教の地位を与えると、迫害はなくなり、それに伴って殉教も生まれなくなった。それは、新たに聖人が出現しなくなったことを意味したが、次第に、殉教者でなくても聖人として崇敬の対象になる人物が現れる。その際に奇跡を引き起こしたかどうかが聖人の条件として浮上した。

キリスト教における聖人崇敬に特徴的なことは、「聖遺物《せいいぶつ》」がその対象になったことである。聖遺物とは、聖人に関連する遺品や遺骨をさす。遺品には、イエスが磔《はりつけ》になった十字架《じゆうじか》やそのからだを突き刺した槍《やり》（ロンギヌスの槍）などが含まれるが、一般の聖人の場合には遺骨が中心である。

遺骨が信仰の対象になるのは仏教でも同様である。釈迦《しやか》は死後に火葬されたと伝えられ、その遺骨は「仏舎利《ぶつしやり》」として信仰を集めてきた。仏舎利は仏塔《ぶつとう》に葬られた。最初、仏塔はインド国内8箇所に設けられたが、仏教を篤《あつ》く信仰したアショカ王は、それを改めて掘り出し、8万4000に分けて各地に配ったと伝えられる。日本の寺院のなかにも、伝来した仏舎利を祀っている、あるいは祀っていると称しているところがある。

火葬が普及して以降の日本社会では、墓に遺骨が埋葬され、それが子孫の信仰の対象にもなってきた。広く土葬が行われていた時代には、埋葬した場所が墓として信仰の対象とされることはなく、別のところに石塔の墓が建てられても、そこには遺骨は埋葬されなかった。火葬という習俗の普及が、新たに遺骨に対する信仰を生み出したとも言える。それだけ、遺骨というものは信仰を集めやすい性格を持っているわけである。

聖遺物は、正教会においては「不朽体《ふきゅうたい》」と呼ばれる。聖遺物も不朽体も、キリスト教のもっとも重要な儀式であるミサが行われる祭壇の下に安置される。それが、ミサという儀式が神聖なものであることを保証する役割を果たすのだ。こうしたことはプロテスタントの教会では行われていない。

しかし、聖人の数は限られており、聖遺物が簡単に手に入るわけではない。そのため、かつては聖遺物の売買や、略奪も行われた。たとえば、これは6世紀の末のことだが、ベルギーのコルビオンの修道士たちは、修道院を開いた聖ロメールの遺骨がフランスのシャルトルにあってさまざまな奇跡を起こしていることを聞きつけると、修道院長であったレグノベールを先頭にシャルトルに押しかけ、聖ロメールの遺骨を奪い取ってきた。略奪は犯罪であるが、彼らは、自分たちは、聖ロメールから「聖なる励まし（インスピラティオ）」を受けたとして、略奪という行為を宗教的に正当化した（渡邊昌美《わたなべまさみ》『巡礼の道』中公新書）。

それほど聖遺物は待望されていたことになるのだが、聖人崇敬は一神教であるはずのキリスト教を多神教へと変質させてしまう危険性を秘めていた。

したがって、4世紀から5世紀にかけてキリスト教の教義を形成する上で極めて重要な役割を果たした教父《きょうふ》アウグスティヌスは、最初、聖人崇敬に対して批判的だった。彼は、聖人が引き起こしたとされる奇跡についての話は信用できないと考えており、聖遺物の売買についても批判的だった。

大量の聖遺物をもたらした十字軍

ところがである。キリスト教における最初の殉教者とされる聖ステファノの聖遺物が、アウグスティヌスのいた北アフリカの都市、ヒッポに移され、数々の奇跡的な病気治癒を引き起こすと、彼は聖遺物に対する見方を根本から改めてしまう。主著である『神の国』などでは、聖遺物の引き起こした奇跡を記録し、その信仰を正当化した。アウグスティヌスは、人間はエデンの園でアダムとイブが神の命令を破って、善悪を知る木の実を食べてしまったことで罪を犯し、その罪は遺伝を通して後世の人間に伝えられてきたとする「原《げん》罪《ざい》」の教義を確立したことで知られ、その影響力は極めて大きなものであった。そのため、聖人崇敬にもお墨付きを与えることになった。聖遺物を安置した教会には、罪を贖《あがな》う「贖《しょく》罪《ざい》」の機能があると信じられるようになっていくのである。

これが、フランス出身で、スイスで16世紀に宗教改革を行ったカルヴァンになると、アウグスティヌスとは反対に聖遺物については徹底して否定的だった。岩波文庫におさめられた『カルヴァン小論集』（波木居斉二《はきいせいじ》訳）には「聖遺物について」という文章が含まれているが、そこでカルヴァンは、聖遺物の具体的な例を逐一あげていき、それがいかに根拠がなく、いい加減なものであるかを告発している。カルヴァンがそうした試みを行ったのも、それまでのヨーロッパでは、聖遺物崇敬が広がり、多くの人々の信仰を集めていたからにほかならない。

教会には聖遺物が欠かせないものであったわけだが、その数は不足していた。ヨーロッパにキリスト教が広がった段階では、殉教する者が新たには現れなかったからである。

聖遺物がヨーロッパに大量にもたらされたのは、11世紀の終わりからはじまる十字軍によってだった。十字軍は、聖地エルサレムの奪還《だっかん》を第一の目的とし、第1回の遠征では、それに成功する。エルサレムには、十字軍国家が建設されたが、そこは、イエスやその弟子たちが活動を展開した場所だった。十字軍はエルサレムやその周辺で数々の聖遺物を発見していくのだった。
イエスが活動した時代から十字軍がエルサレムに到達するまで１０００年以上の歳月が流れている。「本物の聖遺物」が発見されることなどあり得ないわけだが、十字架にかけられたイエスのからだを突き刺したロンギヌスの槍をはじめ、大量の聖遺物が発見され、ヨーロッパに送られた。それは、ヨーロッパ各地に、聖遺物を祀る教会を増やしていくことに結びついた。

聖遺物崇敬がいかに中世のヨーロッパを席捲《せっけん》したかについては、オランダの歴史家であるヨハン・ホイジンガの著作『中世の秋』（堀越孝一《ほりこしこういち》訳、中公文庫）で詳しく紹介されている。

ホイジンガがあげている例は驚くべきものだ。彼は、「中世の強烈な信仰は、こと聖遺物に関するとあれば、どんな興ざまし、どんな瀆神《とくしん》に出会おうとも、恐れるようなことはなかったのだ。１０００年ごろのこと、ウンブリア山中の民衆は、聖ロムアルドゥスをなぐり殺そうとした。その骨がほしかったからだ」と述べている。

聖ロムアルドゥスは元貴族で、悔い改めて修道士になった人物であり、その徳の高さで知られていた。皇帝をはじめ多くの人物が彼のもとを訪れたとされ、生前から死後には聖人になると見込まれていたに違いない。民衆は、聖人の候補者を撲殺してまで、聖遺物を確保しようとしたのである。

同様の例は、中世のスコラ学の大家、トマス・アクィナスの場合にも見られた。ホイジンガは、「１２７４年、トマス・アクィナスは、フォッサヌォーヴァ修道院で死んだ。その修道士たちは、高価な聖遺物の散逸を恐れ、このけだかい師のからだを、文字どおり、加工保存したという。頭を切り離し、煮て、調理してしまったのだ」（同書）と述べている。

聖人をたどることで知ることができるキリスト教の歴史

こうした信仰をカルヴァンは強く批判したわけで、それがプロテスタントの多くの派、とくにカルヴィニズムの影響を受けた派において聖人崇敬が否定されることにつながった。しかし、カトリックにおいて、あるいは正教会において、聖遺物崇敬、そして聖人崇敬は、重要な役割を果たしてきた。しかもそれは、現代にまで受け継がれているのだ。

バチカンのサン・ピエトロ大聖堂の名はイエスの弟子、聖ペトロに由来する。ペトロはイタリア語ではピエトロである。そこに聖ペトロの聖遺物が安置されているからこそ、サン・ピエトロ大聖堂と呼ばれるわけである。

現在のローマ教皇はアルゼンチン出身のフランシスコだが、教皇に就任した直後、聖ペトロの聖遺物を公開した。果たして、これが、本当に聖ペトロのものなのかどうかについては議論があるものの、カトリックの信者にとっては極めて貴重な聖遺物にほかならない。

プロテスタントのなかには、幼児洗礼《せんれい》を認めないところもあるが、キリスト教の多くの派においてはそれが行われている。幼児洗礼が施される際に、洗礼を受ける幼児には洗礼名が授けられるが、それは聖人の名前からとられる。それによって、その聖人が生涯にわたる守護聖人となるわけである。こうした面でも、聖人崇敬はキリスト教信者の信仰生活で極めて重要な役割を果たし続けている。

キリスト教の歴史のなかで、膨大な数の聖人が出現したわけだが、最初期の聖人は、聖母マリアをはじめ、イエスの親族やイエスと直接にかかわりを持った人々であった。弟子たちもすべて聖人である。

その後、ローマ帝国においては殉教者が次々と現れ、彼らは聖人として崇敬の対象になっていった。ローマ帝国では、キリスト教が国教となり、殉教者はさほど多くは現れなくなったものの、キリスト教が宣教される地域は広がり、まだキリスト教の広がっていなかったところでは、迫害による殉教も起こった。豊臣秀吉《とよとみひでよし》の命令によって長崎で殉教した「日《に》本二十六聖人《ほんにじゅうろくせいじん》」などがその代表である。

他にも、キリスト教が歴史を重ねるなかで、次々と聖人が生み出されていった。殉教はしないまでも、各地にキリスト教を広めていった功績のある人物は、それぞれの地域における守護聖人として篤い信仰を集めていった。修道会を開いた人物やキリスト教神学の形成に大きな役割を果たした人物も、アウグスティヌスやトマス・アクィナスがそれに当たるわけだが、聖人として崇敬の対象になっていった。

なかには、人間業《わざ》とは思えない厳しい修行に勤しんだことで聖人となった人物もいれば、教会の改革に力を尽くした教皇も聖人として認められた。世俗の世界の人物でも、信仰をめぐって命を落としたとすれば、聖人となる。ロシアのロマノフ王朝の最後の皇帝、ニコライ2世などがその代表である。

こうしたことを踏まえるならば、私たちはキリスト教における聖人の事績《じせき》を追っていくことで、イエスからはじまるキリスト教の歴史を知ることができる。また、キリスト教の信仰がどういった特徴を持っているのかについて、これまでとは異なる形で把握できるはずである。

本書では、１００人の聖人を選んだ。他にも多くの聖人がいるわけだが、重要と考えられる１００人の事績をたどることによって、キリスト教がいかなる形で広がりを見せてきたかを知ることができる。ただ、項目のなかに複数の聖人が取り上げられている場合があり、聖人の総数は100人を超えている。

四つの福音書「マタイ」「マルコ」「ルカ」「ヨハネ」の異同

イエスの周辺の人物の伝記的な事実は、主に新約《しんやく》聖書に記されている。新約聖書のなかの「福音書」と「使徒言行録《しとげんこうろく》」（「使徒行伝《しとぎょうでん》」）においてである。福音書には、「マタイによる福音書」「マルコによる福音書」「ルカによる福音書」、そして「ヨハネによる福音書」があり、記述が重なっているところももちろん多くあるが、それぞれ異なっている部分もある。

本文中においては、字数の関係もあり、「マタイによる福音書」なら、ただ「マタイ」と表記することにする。他の福音書についても同様である。

とくに「マタイ」「マルコ」「ルカ」の記述には共通したところが多い。そこで、この三つの福音書は、記述された出来事を一覧にした「共観表《きょうかんひょう》」が作られたことから、「共観福音書」と呼ばれている。

聖書学の世界では、共観福音書の成立について研究が進められており、「マルコ」「マタイ」「ルカ」の順に成立したと考えられている。そして、「マタイ」と「ルカ」は「マルコ」をもとにするとともに、今は失われてしまった別の資料にもとづいているとされる。それは、ドイツ語の「資料（Quelle）」の頭文字をとって「Q資料」と呼ばれる。

これに対して、「ヨハネ」は、共観福音書よりも後に成立したもので、共観福音書の記述と重なる箇所が少ない。「ヨハネ」がテーマとしているのは、イエスが神の子であることを強調することで、それ特有の思想にもとづいている。

イエスの弟子たちは「使徒」と呼ばれ、12人いることから「十二使徒《じゅうにしと》」という言い方がされる。福音書に続く「使徒言行録」は、そうした弟子たちの布教活動や初期のキリスト教会のありようについて記したものである。

新約聖書で、「使徒言行録」の後におさめられたものが「書簡」で、それは「パウロ書簡」と「公同《こうどう》書簡」に分けられる。パウロは、イエスの死後の弟子で、ローマ帝国にキリスト教を広める上で大きな貢献をしたが、さらには独自の考え方にもとづいてイエスに対する信仰を確立していくことにも貢献した。実は、新約聖書のなかでパウロ書簡がもっとも早く成立している。

公同書簡はパウロ以外の人物の手になるもので、宛先が明確ではなく、教会のメンバー全体を対象にしていることから「公同」という特殊な用語が用いられる。そして、新約聖書の最後におさめられたものが、キリスト教における終末論を示す「ヨハネの黙示《もくし》録《ろく》」で、新約聖書のなかでは、この文書の成立がもっとも新しい。

書簡についても、「ローマの使徒への手紙」なら、ただ〈ローマ〉と表記する。

聖人を生み出す源でもある外典と文書

聖書と言ったときには、新約聖書とともに旧約《きゅうやく》聖書が含まれる。旧約聖書は、もともとはユダヤ教の聖典であり、なかでも最初の五つの文書は、「トーラー」としてもっとも重要視されている。トーラーは、「モーセ五書」とも呼ばれ、「創世記《そうせいき》」からはじまって、「出《しゅつ》エジプト記《き》」「レビ記」「民数記《みんすうき》」「申命記《しんめいき》」が含まれる。

旧約聖書にはほかにもさまざまな文書が含まれるが、それも「タナハ」と呼ばれるユダヤ教の聖典がもとになっている。おさめられている文書は同じだが、ユダヤ教とキリスト教では、収録された順番も分類の仕方も異なっている。

ユダヤ教からすれば、旧約聖書だけが聖典で、新約聖書は聖典ではない。それも、ユダヤ教では、イエスを救世主《きゅうせいしゅ》としては認めないからだ。キリスト教は、イエスが世に現れることで、神との契約が新たに更新されたとし、古い契約が記された旧約聖書と、福音書以下の新約聖書を区別する。

旧約聖書も新約聖書も一度に成立したものではなく、さまざまな文書が整理され、聖典として定められるまでにはかなりの時間を要した。しかも、現在の聖書に含まれない文書も数多く存在しており、それは「外典《がいてん》」と呼ばれる。旧約聖書にも外典があるが、新約聖書にも外典があり、その主なものは、荒井献《あらいささぐ》編『新約聖書外典』（講談社文芸文庫）におさめられている。おさめられたものは、次の各文書である。

ヤコブ原福音書《げんふくいんしょ》
トマスによるイエスの幼時物語
ペテロ福音書
ニコデモ福音書（ピラト行伝）
ヨハネ行伝
ペテロ行伝
パウロ行伝（パウロとテクラの行伝）

アンデレ行伝
使徒ユダ・トマスの行伝
セネカとパウロの往復書簡
パウロの黙示録

キリスト教の教会活動のなかで、こうした外典が取り上げられることはほとんどない。だが、そこには聖人たちが登場し、そうした聖人にまつわる伝説の源ともなっている。その点で、聖人を見ていく場合には、外典も無視できない。

さらに、「使徒教父文書」と呼ばれるものもある。これは、新約聖書におさめられた文書と年代的には重なるもので、外典とは異なり、異端《いたん》的な文書とは考えられていない。むしろ、正典に近い価値を持つものとされ、それは荒井献編『使徒教父文書』（講談社文芸文書）におさめられている。そこにおさめられているのは、次の文書である。

十二使徒の教訓（デイダケー）
バルナバの手紙

クレメンスの手紙―コリントのキリスト者へ
イグナティオスの手紙
ポリュカルポスの手紙
ポリュカルポスの殉教
パピアスの断片
ディオグネートスへの手紙
ヘルマスの牧者

イエスや弟子の時代以降、膨大な聖人が生み出されていくことになるわけだが、外典の他にも、それぞれの聖人の生涯の歩みや殉教の経緯について記した「聖人伝」が作られていくことになった。それは「殉教者伝」とも呼ばれ、「イグナティオス殉教録」「ポリュカルポス殉教録」「リヨンの殉教者受難記」「ペルペトゥアとフェリキタスの受難記」などがある。

もっとも名高い聖人伝『黄金伝説』

聖人伝のなかでもっとも名高いのが『黄金伝説《おうごんでんせつ》』（全4巻、前田《まえだ》敬作《けいさく》ほか訳、平凡社ライブラリー）である。作者は、ジェノバの大司教だったヤコブス・デ・ウォラギネである。これは、13世紀後半に編纂《へんさん》され、１００人以上の聖人の伝記がおさめられている。

日本の場合もそうだが、中世は伝説の時代で、宗教にまつわるさまざまな物語が作り出されていった。聖人は、そうした伝説の登場人物であり、主人公だった。もっとも名高い伝説は「聖杯《せいはい》伝説」で、聖杯とは、最後の晩餐《ばんさん》で用いられた杯《さかずき》のことで、十字架にかけられたイエスの血を受けたものとされる。「アーサー王伝説」は、聖杯探求の物語である。

聖人にまつわる伝説のなかには、事実にもとづくものもあるが、空想の産物も少なくない。本書での記述においても、いちいちそれが事実なのかどうかを検証することは難しい。その点を予めお断りしておくが、さまざまな伝説が生まれたからこそ、聖人崇敬は高まりを見せたと言えるのである。

なお聖書からの引用は、日本聖書協会の新共同訳によった。

第1部 イエスの家族とイエスとかかわりを持った聖人

　これからキリスト教の100人の聖人について、八つの部に分けて解説を加えていくことになる。聖人は多岐にわたっているが、そのあり方はおおむね時代によって変化している。その点を考慮し、同じ性格を持つ聖人を一つの部で扱うことにする。したがって、先に取り上げた聖人の方が後に取り上げた聖人よりも時代的に遅い場合があることをお断りしておきたい。

　最初に取り上げるのは、イエス・キリストと直接に関係した聖人である。キリスト教の信仰の根幹にはイエス・キリストの存在がある。イエスのことは、新約聖書の福音書に記されているが、そこには、さまざまな人々がかかわってくる。

　イエスは「神の子」とされ、後に形成されるキリスト教の根本的な教義である「三位一体説」では、神や聖霊と同格であるとされ、神としての性格と人間としての性格を同時に備えているとされるようになる。

　この三位一体説は難解で、それをどう理解するかがキリスト教神学のめざしてきたところでもあるが、人間として地上に現れたということで、そこにさまざまなドラマが生まれた。少なくとも、人間として生まれるには家族が必要である。

イエスの母マリアは、現在ではカトリックや正教会の信仰において極めて重要な位置を占めているが、父や祖父母など、イエスの家族は皆聖人とみなされている。そうした家族とイエスがどのようにかかわったのか。福音書などの物語はそこからはじまる。さらには、生前のイエスと直接のかかわりを持った人間たちも、イエスの家族と同様に聖人とされている。

イエス自身は、十字架にかけられるまで独身だったが、キリスト教における家族の重要性は、キリスト教美術として多く描かれてきた「聖母子像《せいぼしぞう》」や「聖家族像《せいかぞくぞう》」に示されている。スペイン・バルセロナのサグラダ・ファミリアも、「聖家族教会」なのである。

この章からは、イエスがどのような活動をし、それにどういった人々がかかわったかが明らかになっていくはずだが、同時に、キリスト教が家族というものをどのようにとらえているのか、その家族観も明らかになってくるだろう。

1 聖母マリア

マリアは、神の子であるイエス・キリストの母である。聖霊によって身籠もったとされ、キリスト教が歴史を重ねるなかで、キリスト教徒の信仰を一身に集めるようになった。

ただ、キリスト教の世界では、それを「マリア信仰」とは呼ばない。信仰の対象は神だけであり、「マリア崇敬」ということばが用いられる。日本では、「聖母マリア」と呼ぶが、キリスト教の世界全体では、「処女マリア」の方が一般的である。イエスの母であることは間違いないが、処女として身籠もったことの方が重視されているのだ。

しかし、マリアがどういった生涯を送ったのかについて、情報は限られている。福音書のうち、「マルコ」にはまったく登場しない。

詳しいのは「ルカ」で、キリスト教美術の格好《かっこう》の主題となった「受胎告知《じゅたいこくち》」の場面もそこで描かれている。天使ガブリエルが現れ、神の子を宿《やど》していることをマリアに伝えるのだ。

その後、マリアは夫のヨセフとともに、ローマ帝国政府の人口調査に登録するためにダビデの町に上り、イエスを出産する。マリアはイエスを産着《うぶぎ》にくるみ飼《か》い葉桶《ばおけ》に寝かせた。ただ、出産した場所は宿屋ではなかったものの、馬小屋とは記されていない。

「ルカ」では、その後、天使に救い主が誕生したことを告げられた羊飼いたちがやってきた話や、12歳になったイエスがエルサレムで学者たちに交じって話をしている光景をマリアが目撃したことなどが語られる。

「マタイ」では、マリアがヘロデ王の迫害を逃れるためにエジプトに逃げ、そこからナザレに帰還したことしか語られない。共観福音書ではない「ヨハネ」では、イエスの十字架刑の際に、その場にいたとされる。福音書全体を見ても、処女のまま神の子を宿したということ以外、マリアを神聖視する記述は出てこない。

マリア崇敬が高まりを見せるのは、キリスト教がローマ帝国内に広まるようになってからで、教会堂がマリアに捧げられ、修道士たちはマリアに祈りを捧げるようになる。そして、マリアと幼子イエスを描いた聖母子像が数多く作られるようになる。厳格な神やイエスよりも、優しいマリアに救いを求めたい。そうした心理から、カトリックや正教会では、むしろマリア崇敬が信仰の核心を占めるようになっていく。

2 ヨセフ（イエスの養父）

マリアがイエスを宿していることを天使から伝えられるのが「受胎告知」の場面である。ところが「マタイ」では、その事実を最初に知らされるのはマリアの夫ヨセフとされる。ヨセフの夢に現れた天使は、「ダビデの子ヨセフ、恐れず妻マリアを迎え入れなさい。マリアの胎《はら》の子は聖霊によって宿ったのである」と告げられる。この場面を描いたキリスト教美術は「聖ヨセフの夢」などと呼ばれ、多くの作品が作られた。

「マタイ」では、この出来事は旧約に登場する預言者《よげんしゃ》の予言（日本では「預言（者）」と「予言」を区別して使うことが多いが、英語ではともにprofecy。したがって、本書では「預言者」と「予言」に統一する）が成就《じょうじゅ》したものであると述べられている。福音書の物語は、旧約の予言の成就として語られることが多い。さらに「マタイ」では、ヨセフの祖先は、旧約に登場するユダヤ人の王ダビデに遡《さかのぼ》るとされる。

ヨセフとイエスの間には血のつながりがないので、イエスがダビデの子孫というわけではない。ただ、ヨセフの血統が高貴なものであることは、その人格にも反映され、妻であるマリアが聖霊によって身籠もったことを表沙汰《おもてざた》にしようとはしなかった。ただ、ひそかに縁を切ろうとしたところに天使が現れ、離縁を思いとどまらせる。

その後、天使がふたたびヨセフの夢に現れ、妻とイエスを連れてエジプトに逃げるように告げる。さらに、イスラエルへの帰還も、夢で天使から命じられる。ヨセフの夢に3度天使が現れたことは、彼がたんにダビデ王の末裔《まつえい》であるだけではなく、特別な人物であったことを示唆《しさ》している。立場としてはイエスの養父に過ぎないわけだが、そうしたことも後にヨセフが聖人として崇敬の対象になる要因になっていた。

「ルカ」では、ヨセフは妻とともにエルサレムにおいて12歳になったイエスが学者たちに交じって話をしている姿を目撃したとされる。だがそれ以降、イエスとのかかわりは語られていない。マリアと同様、ヨセフもイエスが幼い頃の話にしか登場しない。

ヨセフは、ダビデ王の系譜《けいふ》につらなる以外「ただの人間」で、殉教したわけでもない。いつどこでどうやって亡くなったのか、福音書は何も語っていない。だが、8世紀頃から崇敬の対象となり、ヨセフとマリア、そしてイエスは「聖家族」とされ、三位一体と類比されるようになっていく。これがヨセフを聖人として崇敬することに結びついた。

3 アンナ（聖母マリアの母）

聖母マリアの母とされるのがアンナである。ところが、福音書のどこを見ても、アンナについての記述を見つけることはできない。夫であるヨセフについては、ダビデ王からの系譜が示されているものの、マリアの生まれについては、まったく語られていないのだ。その点では、アンナが崇敬の対象とされる余地はどこにもないはずだ。

福音書がどのような形で成立したかについては、聖書学において詳しく研究されており、最初の「マルコ」は紀元70年頃の成立とされる。その後、80年頃に「マタイ」が、90年頃に「ルカ」が、そして１００年頃に「ヨハネ」が成立した。ただ、これが正典として定められるのは2世紀半ばになってからである。

その間に、正典とはならなかった福音書がいくつか生まれた。それは「外典福音書《がいてんふくいんしょ》」と呼ばれる。そのなかには、「ヤコブ原福音書」「トマスによるイエスの幼時物語」「ペテロ福音書」などが含まれるが、アンナが登場するのが「ヤコブ」で、３世紀頃に成立した。

「ヤコブ」の主人公はイエスではなくマリアで、マリアの伝記ともなっている。

それは、マリアの誕生からはじまり、マリアの神殿への奉献《ほうけん》、ヨセフとの出会い、イエスの出産とその後が語られていく。アンナはその最初の部分に登場するが、夫はヨアキムとされる。二人は信心深い夫婦だったが、長い間子どもを授かれなかった。それを悲しんだヨアキムは、荒野で40日間断食し、子どもを授かれれば、必ず神に捧げると誓う。この話が創世記のアブラハムの話をもとにしていることは明らかだ。アブラハムも高齢でようやく子を授かり、神の命じるところに従って生まれた子を犠牲にしようとした。

マリアを授かったことに感謝するため、二人は、３歳になったマリアをエルサレムの神殿に献じ、彼女は成人するまでそこで養われた。それはマリアを神聖視することに結びつくが、マリア崇敬が高まりを見せるようになると、アンナもマリアを処女懐胎《しょじょかいたい》したという伝承が生まれる。キリスト教では「原罪」の教義が確立されるが、マリアはアンナの胎内に宿ったときから原罪を免れていたとする「無《む》原罪《げんざい》の御宿り」の教義が生まれ、１８５４年には正式に認められた。そのマリアを宿したアンナは、妊婦や子どものいない夫婦の守護聖人となっている。

4 ヨアキム（聖母マリアの父）

ヨアキムは聖母マリアの父であり、妻はアンナである。したがって、イエスの祖父にあたる。ただ、これは外典の「ヤコブ原福音書」によるもので、「マタイ」の冒頭にあるイエスに至る系図ではヤコブとあり、「ルカ」の系図ではエリとある。どちらの系図でもそれ以外に列挙された人物はかなり異なっている。

この矛盾《むじゅん》について、これまで二つの解決法が示されてきた。

一つは、「マタイ」の系図をイエスの養父ヨセフの方のものととらえ、「ルカ」の系図をマリアの方のものとしてとらえるものである。ただ、「ルカ」にはマリアの名が登場するわけではなく、エリの子がヨセフとされ、「マタイ」の場合と変わらない。むしろ、「マタイ」にマリアの名が登場する。ただ、「マタイ」にしても、ヤコブがマリアの夫ヨセフを儲《もう》けたとされるだけである。

もう一つは、古代から多くの社会で見られた「レビラト婚《こん》」によるとするものである。

レビラト婚では、夫が死亡した際、寡婦《かふ》となった妻は夫の兄弟と再婚する。最初の結婚によって生まれた二つの親族集団の関係を継続させるためである。ユダヤの社会では、レビラト婚が律法によって定められていた。ただ、「マタイ」にも「ルカ」にも、それを思わせる記述があるわけではない。

共観福音書の成立については、研究の結果、「マルコ」ともう一つ「Q資料」と呼ばれるものがあり、「マタイ」と「ルカ」はこの二つをもとに生まれたとされている。複数の伝承があったわけで、イエスの祖父の名が定まらないのも、そのためと考えられる。

ヨアキムとアンナについて重要なことは、二人についての伝承が、とくに正教会で早くから伝統になってきたことである。ヨアキムとアンナは、「神の祖父母」として、「聖体礼儀《せいたいれいぎ》（カトリックのミサにあたる）」といった正教会の重要な祈禱《きとう》の終結部でその名があげられる。これを正教会では「記憶」と表現する。

ヨアキムは、アンナとともにマリアを神殿に奉献したわけだが、正教会では、マリアが誕生したことを祝う「生神女誕生祭《しょうしんじょたんじょうさい》」とともに、「生神女進殿祭《しょうしんじょしんでんさい》」が「十二大祭《じゅうにたいさい》」の一つに定められている。十二大祭には、受胎告知を記憶する「生神女福音祭《しょうしんじょふくいんさい》」や死を記憶する「生神女就寝祭《しょうしんじょしゅうしんさい》」も含まれ、マリア崇敬が正教会でいかに重要かが分かる。

5　ヤコブ（イエスの兄弟）

「マルコ」第6章には、イエスが故郷に帰り、弟子たちも同行したという話が出てくる。イエスが会堂《かいどう》で話をはじめると、多くの人たちがその知恵の深さに感銘を受け、これは奇跡ではないかと考える。

さらに人々を驚かせたのは、教えを説いている人間を自分たちがすでに知っていることだった。人々は、「この人は、大工ではないか。マリアの息子で、ヤコブ、ヨセフ、ユダ、シモンの兄弟ではないか。姉妹たちは、ここで我々と一緒に住んでいるではないか」と言い出す。彼らはそれで落胆してしまい、イエスの教えを受け入れなかった。「マルコ」は、「このように、人々はイエスにつまずいた」と記している。

ここにイエスの兄弟の一人としてヤコブが登場する。ヤコブなどが、本当にマリアとヨセフの子どもなのかについては諸説あり、ヨセフが先妻とのあいだに儲けた子どもであるとか、従兄弟《いとこ》であるとも言われる。ただ「マルコ」では、ギリシア語の兄弟という表現が使われており、ヤコブたちはイエスの後に夫婦の間に生まれた弟であり、女性たちは妹であったと考えられる。

イエスの弟や妹だと言っても、その誕生に聖霊が関与していないので、皆普通の人間である。使徒言行録には、エルサレムで使徒たちが集まって開いた会議で、バルナバとパウロが話し終えたとき、「兄弟たち、聞いてください」と発言したヤコブは、イエスの弟だとされる。ヤコブは、パウロの手紙のなかでも、教会における重要人物とされ、さらにヤコブの手紙の筆者ではないかともされている。こうした話をもとに、ヤコブは初期の教団における最高指導者に位置づけられている。

それだけでも、聖人として崇敬の対象となる資格があるが、62年に処刑され、殉教したともされる。これは新約にはなく、フラウィウス・ヨセフスの『ユダヤ古代誌《こだいし》』に出てくる。ヤコブは、ユダヤの大司祭であったアンナス2世によって、律法に違反したとして、石打《いしうち》の刑に処せられた。『ユダヤ古代誌』には、イエスについての記述もあり、イエスが実在した根拠となる史料と見なされることもあるが、ヨセフスはイエスの死後に生まれており、同時代の史料というわけではない。

6 洗礼者ヨハネ

「マルコ」は、イエスについて語る前に洗礼者ヨハネの活動から話をはじめる。ヨハネは荒野に現れ、悔い改めの洗礼を宣《の》べ伝えたというのだ。そして、イエスの出現を予言し、イエスが現れるとヨルダン川で洗礼を施す。「マタイ」では、「らくだの毛衣を着、腰に革の帯を締め、いなごと野蜜を食べ物としていた」とされるから、荒野で修行する修道士の先駆《せんく》だった。「ルカ」では、ヨハネの母エリサベトは、聖母マリアの親戚とされる。

　もう一つ有名なのはヨハネの死にまつわる物語である。イエスが生まれた当時、ユダヤはヘロデ・アンティパスが支配していた。彼は妻がいたにもかかわらず、兄弟の妻を奪ってしまった。ヨハネはこれを不道徳なふるまいとして厳しく批判したので、ヘロデ・アンティパスによって捕らえられてしまう。

　ヘロデ・アンティパスは自らの誕生祝いの宴を催し、その際、妻が前夫との間に儲けた乙女のサロメが踊りで人々を喜ばせた。そこで、褒美《ほうび》を与える、と言うと、サロメは母に相談し、母はヨハネの首を所望する。そこで、ヨハネは処刑され、首をはねられてしまうのだ。その際、ヨハネの首は盆に載せて運ばれてきたと記されているため、そのシーンはキリスト教美術の格好の素材となった。おかげでサロメは悪女の典型とされる。

神学的な側面が強い「ヨハネ」では、洗礼者ヨハネはイエスのことを「神の子羊」と呼んだとされる。子羊はキリスト教の信仰の上で重要な存在で、犠牲に供せられることから、十字架刑に処せられたイエスと重ね合わされてきた。

こうしてイエスはヨハネによって洗礼を施されたわけで、洗礼はキリスト教の入信儀礼《にゅうしんぎれい》として採用されることになる。イエス自身は弟子たちに洗礼を施してはいないのだが、復活をとげた後、弟子たちに対してすべての人間をイエスの弟子にするため、洗礼を授けよと命じている。

ユダヤ教は信者の男性に割礼《かつれい》を義務づけている。幼児の段階で、男子の生殖器《せいしょくき》の先端の皮膚を切り取るのだ。それはユダヤ教徒が神によって選ばれた証《あかし》となるが、ローマ帝国では忌《い》み嫌われ、禁止令も出された。洗礼なら、からだに跡は残らない。割礼に代わる洗礼の導入は、ローマ帝国でキリスト教が広まる一つの要因となったのである。

7 マグダラのマリア

イエスとかかわりのある女性としてもっとも著名で、さまざまな形で注目されてきたのがマグダラのマリアである。イエスが活動したのは、現在のイスラエル北部にあるガリラヤ湖周辺であるわけだが、マグダラはその北西岸にある街の名である。

イエスは、数々の奇跡を行ったとされ、奇跡の事例の一つが悪霊《あくりよう》を追い出すことである。「ルカ」では、イエスが女性たちから悪霊を追い出したとされ、マグダラのマリアもその一人である。そうした女たちは、イエスと12人の使徒たちが各地をまわって宣教して歩くのについてまわったとされる。

マグダラのマリアがとくに重要な女性とされるのは、イエスが十字架にかけられて殺されるのを見守り、墓に埋葬されるのを目撃したからである。「ヨハネ」においては、3日目に墓から蘇《よみがえ》ったイエスは彼女の前に現れたとされる。マリアにむかってイエスは、「私にすがりつくのはよしなさい」と言い、自分の兄弟たちのところへ行って、これから自分は神のいる方へのぼると伝えよと命じる。

　また、ユダヤ教の主流派であるファリサイ派の人間に求められてイエスが食事をともにしていたときに香油《こうゆ》の入った石膏《せっこう》の壺《つぼ》を持って現れ、イエスの足に接吻《せっぷん》して香油を塗った「罪の女」はマグダラのマリアであるという伝承がある。彼女はイエスと出会うことで、自らの罪深さを自覚し、信仰を得たということで、あるべきキリスト教信者のモデルともなっている。

　女性の罪深さを強調するのは、古代の社会に広く見られたことで、仏教の世界でも女性はそのままでは成仏《じょうぶつ》できないという見方があった。それは現代では問題視される事柄でもあるが、『黄金伝説』になると、マグダラのマリアは富と美貌《びぼう》の持ち主で、快楽に溺れていたのをイエスに出会うことで悔い改めたと語られ、その面がいっそう強調されている。

　こうした女性として伝えられているために、マグダラのマリアはキリスト教美術の格好のテーマとして多くの絵画に描かれてきた。さらに現代になると、彼女をイエスの恋人、あるいは妻として扱った物語も作られるようになり、その代表が『ダ・ヴィンチ・コード』（ダン・ブラウン著、越前敏弥訳、角川文庫）だが、彼女とイエスの関係の深さが、そうした創作を生み出したものと考えられる。

8 マルタ

聖書にはイエスにまつわる数々のエピソードが語られている。そのなかには、どう解釈してよいのかが難しいものも含まれる。その一つが、マルタとその妹マリアについてのエピソードである。

「ルカ」によれば、イエスの一行がある村に入ると、マルタが迎えてくれた。マルタにはマリアという妹がいたのだが、マリアはイエスの足もとに座って、その話に聞き入っていた。これに対して、マルタの方は、一行をもてなすためにせわしなく立ち働いていた。

マルタは、それを不満に思い、イエスに対して、「マリアに手伝ってくれるようにおっしゃってください」と言った。するとイエスはマルタに、「あなたは多くのことに思い悩み、心を乱している。しかし、必要なことはただ一つだけである。マリアは良い方を選んだ。それを取り上げてはならない」と答えたのだった。

姉妹の間にこうした不平等が生じるのは、どの家でも起こることである。ただ、このエピソードは、信仰に熱を入れることの重要性とともに家事に専念することの大切さを強調するものとして解釈されてきた。女子修道会《じょししゅうどうかい》においては、前者を「観想的《かんそうてき》生活」、後者を「活動的生活」として区別される。主に前者が重視されるが、ドイツの神秘家《しんぴか》マイスター・エックハルトのように、マルタの魂の方が成熟していると評価する見方もある。

「ヨハネ」になると、マルタとマリアのいた村はベタニアであり、ラザロという兄弟がいたとされる。ラザロは病気で亡くなるが、イエスの手によって蘇る。

　これが『黄金伝説』になると、マルタの姿はまったく異なるものになる。マルタは王家の出とされ、マリアやラザロとともに騙《だま》されて船に乗せられ、フランスのマルセイユにたどり着く。それでプロヴァンス地方一帯にキリスト教の信仰を広めることに貢献したとされるのだ。

　しかも、その布教の最中、マルタは、タラスクと呼ばれる半獣半魚の怪物に聖水をふりかけ、十字架をつきつけて退治したという伝説も生まれた。それはタラスコンという街の名の由来を語る物語ともなっているが、12世紀の終わりにはそこでマルタの聖遺物も発見されている。まるでマルタは、八岐大蛇《やまたのおろち》を退治したスサノオノミコトのようである。

9 ラザロ

イエスが行った奇跡のなかでもっとも劇的なのが、ラザロを復活させたことである。マルタとその妹マリアのことは「ルカ」に登場するが、そこに兄弟であるラザロは出てこない。ラザロについて語られるのは「ヨハネ」においてである。

ラザロは病んでいて、マルタとマリアはイエスのもとに人を遣わして、そのことを知らせた。ところがイエスは、「この病気は死で終わるものではない」と言い、すぐにラザロのもとへは赴かなかった。イエスが来たときには、ラザロが死んですでに4日が経っていた。マルタは、イエスがもっと早く来てくれれば兄弟は死ななかっただろうと訴える。するとイエスは、「あなたの兄弟は復活する」と答えた。

マルタが、「終わりの日の復活の時に復活することは存じております」と言う。世の終わりにおける復活はキリスト教の基本的な教えになるわけだが、共観福音書では、イエス自身がそれを説いたり、信者がその信仰を表明したりすることはない。ここには、「ヨハネ」が福音書のなかでもっとも遅く成立し、神学的な側面が強いことが示されている。しかもイエスは、「わたしを信じる者は、死んでも生きる」と言い、マルタも「はい、主よ、あなたが世に来られるはずの神の子、メシアであるとわたしは信じております」とまで答えている。こうした信仰は、イエスの死後かなり時間が経ってからでなければ成立しない。

イエスはラザロの墓に行く。すると、そこにいたユダヤ人たちのなかには、「盲人《もうじん》の目を開《あ》けたこの人も、ラザロが死なないようにはできなかったのか」と言う者もあった。イエスは、そうした人々の反応に憤《いきどお》りを覚え、天の父に祈り、「ラザロ、出て来なさい」と叫ぶと、死人は手と足を布で巻かれたまま出て来る。蘇ったのだ。

しかし、このことがファリサイ派に伝わると、イエスは危険視されるようになり、それがイエスの逮捕と処刑に結びついていく。ラザロも殺されそうになる。

ラザロを復活させたことは、イエスが神の子であることの証になるものだが、それでラザロが聖人となるわけではない。パウロが宣教活動を行ったキプロスに、聖ラザロ教会があり、キプロスに逃れたラザロが、その主教を30年間つとめ、そこに埋葬されたとされる。なお、聖ラザロ教会は、正教会の一つ、キプロス正教会の教会である。

10 シメオン

初期のキリスト教では殉教者が聖人となったわけだが、信仰が深いということで聖人となった人物もいる。その代表がシメオンである。

正教会では、聖人に対して独特な呼び方をするが、シメオンも「抱神者《ほうしんしゃ》シメオン」と呼ばれる。神を抱いた者ということで、「ルカ」に登場する。

ヨセフとマリアは、ユダヤ教の慣習に従って、生まれて8日が経ったイエスに割礼を施すと、イエスを連れてエルサレムへ登る。神殿で山鳩《やまばと》のつがいか家鳩《いえばと》の雛《ひな》二羽を犠牲として捧げるためである。ユダヤの社会に、日本の宮参りのような慣習があったことが分かる。

エルサレムには、シメオンという人物がいた。シメオンは正しい信仰を持つ者で、聖霊によって、主が遣わすメシアと会うまでは死ぬことがないと告げられていた。シメオンは、霊に導かれて神殿に行き、そこで二人に出会い、幼子を抱くことができた。

シメオンは、「主よ、今こそあなたは、お言葉どおり、この僕を安らかに去らせてくださいます。わたしはこの目であなたの救いを見たからです。これは万民のために整えてくださった救いで、異邦人《いほうじん》を照らす啓示《けいじ》の光、あなたの民イスラエルの誉《ほま》れです」と告げる。シメオンは、たんにイエスを抱いただけではなく、幼子のたどるであろう運命を教えたのだ。これは、二人を驚かせる。

さらにシメオンは、二人を祝福し、マリアに対して、「御覧なさい。この子は、イスラエルの多くの人を倒したり立ち上がらせたりするためにと定められ、また、反対を受けるしるしとして定められています。——あなた自身も剣で心を刺し貫かれます——多くの人の心にある思いがあらわにされるためです」と、幼子の人生が決して平穏なものではないことも教えるのだった。

この出来事を記念する行事がカトリック教会の「主の奉献」で、2月2日に祝われる。正教会では「主の迎接祭《げいせつさい》」と呼ばれ、グレオリオ暦の2月15日に祝われる。正教会では、その際に唱えられる「主や、今爾《なんぢ》の言《ことば》に循《したが》って爾の僕《ぼく》を赦し安然として去らしむべし、蓋《けだし》我が目はすでに爾の救いを見る、爾万民の前に備うるところのもの、光となって異邦を照らし爾の民がイズライリの栄を見るによる」は、「聖抱神者シメオンの祝文《しゅくぶん》」と呼ばれている。

11 ロンギヌス

十字架刑に処せられることになったイエスは、自ら十字架を背負ってヘブライ語で「されこうべの場所」を意味するゴルゴタまで行ったとされる。だが、これは「ヨハネ」にあるもので、共観福音書では、イエス自身ではなく、ほかの人間が十字架を背負ったと記されている。どの福音書でもゴルゴタが丘とはされていない。丘とされるようになるのは後世になってからである。

十字架に架けられたイエスに対して、一緒に処刑された他の罪人は冒瀆《ぼうとく》することばを吐いた。「マルコ」では、イエスは「わが神、わが神、なぜわたしをお見捨てになったのですか」と絶望の声を上げたとしている。「マタイ」でも同様だが、ルカでは、「父よ、わたしの霊を御手《みて》にゆだねます」と、イエスの最期《さいご》のことばは異なっている。

ヨハネでは、イエスが十字架で息絶えた後、兵士たちの一人がイエスの脇腹《わきばら》を刺し、そこから血と水が流れたとある。水とは遺体からの体液の漏れである。ここでは、兵士がどういう人間だったかはいっさい述べられていない。

ところが、外典の一つである「ニコデモ福音書」、別名「ピラト行伝」には、槍を刺したローマの兵士はロンギヌスという名であったとされる。そこからこの槍は、「ロンギヌスの槍」、あるいは「聖槍《せいそう》」と呼ばれる。

ロンギヌスの槍が発見されたときのエピソードにはいろいろなバリエーションがあるが、有名なのは第1回十字軍がアンティオキアを攻めて苦戦していたときのものである。ペトルス・バルトロメオという修道士であり兵士である人物がお告げで発見し、それで十字軍の士気は高まったものの、その後、槍は行方不明になった。

この槍は、イエスの受難にかかわる聖遺物の一つであるが、こうした聖遺物のなかでもっとも価値があるとされたのが、処刑に使われた十字架であり、キリスト教を公認したコンスタンティヌス帝の母、ヘレナが発見した。ヘレナは、イエスの四肢《しし》に打ちつけられた釘も発見している。

ロンギヌスについて、『黄金伝説』では、刺した瞬間に天変地異《てんぺんちい》を目撃して回心《かいしん》し、イエスの血によって弱っていた視力が回復したとされる。その後、殉教したとも伝えられ、聖人として崇敬の対象になっていった。

12　アリマタヤのヨセフ

アリマタヤとは、イスラエル中央部、ベン・グリオン国際空港があるリッダ北東の現レンティスのことである。そこの出身のヨセフは、イエスの処刑に関与したピラトに願い出て、イエスの遺体を引き取って墓に埋葬した人物である。

そのことはどの福音書にも出てくるが、ヨセフについては、金持ち（マタイ）、身分の高い議員（マルコ）、神の国を待ち望んでいた善良な正しい議員（ルカ）とある。イエスの弟子たちは誰もそうした願い出をしていない。ピラトを恐れたからだと考えられるが、ヨセフが社会的に高い地位にあったからこそ可能だったことなのかもしれない。イエスには、そうした階層の隠れ信者もいたのだ。

ヨセフは、イエスを十字架から下ろし、清潔な亜麻布《あまぬの》で包み、岩のなかに掘った墓に埋葬した。エルサレムの聖墳墓教会《せいふんぼきようかい》には小さな聖堂があり、それがイエスの墓とされるが、最初に葬られた墓はその近くにあった。

ヨセフの特徴は、その後多くの伝説が生まれたことにある。

外典の一つで5世紀に成立した「ニコデモ福音書（ピラト行伝）」では、ヨセフはその行動によってユダヤ人から糾弾《きゅうだん》され投獄されたものの、イエスの力によって奇跡的に自由の身になったことが語られている。

それ以上に重要な伝説は11世紀から13世紀にブリテン島やフランスで広まったもので、ヨセフは聖杯伝説（アーサー王物語）に結びつけられる。聖杯は、最後の晩餐で用いられ、イエスが十字架にかけられロンギヌスの槍で突かれたときにその杯で流れた血を受けとめたとされるわけだが、聖杯に注がれた飲み物を飲み干せば、傷や病が癒え、若さと長命がもたらされると信じられたため、伝説のアーサー王などがそれを追い求めることになった。

ヨセフがイエスを埋葬したことから、彼は聖杯を持ってフランスからスペイン、ポルトガルで布教を行い、最後、グラストンベリーでブリテン島最初の教会を設立したという伝説が作られた。また、ヨセフは少年のイエスを連れてブリテン島の西南にあるコーンウォールの錫《すず》鉱山にやってきたという伝説もある。イエスは坑夫たちに錫を抽出《ちゅうしゅつ》し、製錬する方法を教えたというのだ。

第2部 十二使徒

新しく宗教が生まれるとき、最初の時点では、新たな教えを説きはじめた開祖、創唱者しか存在しない。だが、それをもって宗教の誕生と言えるかどうかは疑問である。開祖の説きはじめた教えを信じる者、つまりは信者が誕生しなければ、本当の意味で宗教が生まれたとは言えない。信者が生まれることで、それぞれの宗教は拡大していくきっかけを得ることができる。

その際に、どの宗教においても、弟子という存在は重要だ。儒教の『論語』は、孔子が弟子に語ったことばが中心になっている。仏教の釈迦にも十大弟子がいて、彼らが師といかなる関係を結んだのかが仏典につづられている。

イエスには、12人の弟子がいて、彼らは「十二使徒」と呼ばれる。使徒は、キリスト教の信仰を広める上で重要な貢献をしたことになるが、その姿は福音書や使徒言行録に記されている。

ただ、これから見ていくと分かるが、十二使徒のなかにはただ名前があげられているだけの人物も少なくない。そこからは、12人の使徒がいたということが重視され、個々の使徒についてはさほど情報がなかったことが分かる。

もちろん、ペトロやヨハネのように、重要な使徒もいる。また、その言動がほとんど伝えられていない使徒についても、後世にさまざまな伝説が生み出されている。使徒が実際にどのようなことをしたのかよりも、むしろ伝説に大きな価値がおかれていたりする。

これは聖人全体について言えることで、それぞれの聖人がどのような生涯を歩んだかよりも、伝説として語られたことの方が決定的な重要性を持つ。だからこそ聖人が崇敬の対象になるということが少なくないのである。

そうした伝説の集大成が『黄金伝説』ということになるが、他にも聖人にまつわる伝説はいくらもある。そこに聖人崇敬の基盤がある。

伝説に描かれることは、歴史上の事実というわけではない。それは創作されたもので、架空の出来事であることがほとんどだが、信者たちはそれを事実として受け入れていく。したがって、聖人崇敬の世界は、数々の伝説によって彩られている。今日の合理主義の観点からすれば、迷信とも言えるが、そうした伝説が人々の信仰に大きな影響を与えたことは否定できないのである。

1 ペトロ

ペテロと呼ばれることも多い。本名はシモンだが、イエスから岩を意味するペトロという名を授かった。イエスには12人の弟子がいて、彼らは「十二使徒」と呼ばれるが、そのなかでもペトロは、「使徒の頭《かしら》」とされ、リーダーとしての役割を果たした。

ペトロの重要性は、カトリックの総本山《そうほんざん》バチカンに建つサン・ピエトロ大聖堂に示されている。サン・ピエトロとは、聖ペトロのことであり、そこはもともとペトロの墓地であったとされる。サン・ピエトロ大聖堂には、ペトロの聖遺物が安置されているが、それもペトロが初代のローマ教皇と見なされているからである。

十二使徒の職業には漁師が多く、ペトロも漁師だった。「マタイ」と「マルコ」によれば、イエスから声をかけられたとき、ペトロは弟のアンデレとともに漁をしていた。「ルカ」でも、説教にむかうイエスがペトロの船を使ったとされる。「マタイ」では、イエスがペトロを誘ったとき、「わたしについて来なさい。人間をとる漁師にしよう」と言ったとされる。使徒には布教する役割があることから、職業が漁師に設定された可能性がある。

福音書において、ペトロはつねに使徒の筆頭にあげられ、イエスにまつわる重要な出来事の目撃者になっている。どの共観福音書にも、イエスが使徒を連れて高い山に登り、顔が太陽のように輝き、服が光のように白くなって、旧約聖書のモーセと預言者エリヤが現れる場面が出てくるが、そのときの使徒はペトロとヤコブ、それにヤコブの兄弟のヨハネだけだった。

ただ、ペトロの人間性を伝えるエピソードとしてもっとも印象的なのは、イエスに対する審問が行われた際、最高法院の中庭にいたペトロが、大祭司につかえる女中などから、イエスの仲間ではないかと言われて、それを3回否定したことだ。ペトロはその前にイエスから、「鶏が二度鳴く前に、あなたは三度わたしを知らないと言うだろう」と予告されていた。それを思い出し、ペトロは泣き出す。人間の弱さを示すエピソードである。

外典の「ペテロ行伝」では、ペトロはローマへ宣教に出向き、ローマ皇帝ネロによって、十字架に逆さにはりつけられて処刑されたとされる。新約聖書には二つの「ペトロの手紙」がおさめられているが、研究者はペトロが作者ではないとする。

2 アンデレ

「マタイ」には、十二使徒の名が列挙されており、「まずペトロと呼ばれるシモンとその兄弟アンデレ、ゼベダイの子ヤコブとその兄弟ヨハネ、フィリポとバルトロマイ、トマスと徴税人《ちょうぜいにん》のマタイ、アルファイの子ヤコブとタダイ、熱心党《ねっしんとう》のシモン、それにイエスを裏切ったイスカリオテのユダである」と記されている。

12という数は、旧約聖書に登場するイスラエルの12支族をもとにしているとされる。新約聖書が編纂される上で、旧約聖書との関係は重要で、旧約聖書に予言されたことが、イエスによって成就されたという観点がとられることが多い。

アンデレはペトロの兄弟とされているが、兄か弟かは分からない。日本では兄弟姉妹について、生まれた順にもとづいて兄と弟、姉と妹を区別するが、キリスト教が広まった地域では、そうした慣習が成立していない。したがって、英語でbrotherと言ったとき、それが兄なのか弟なのかを区別することが難しい。

さらにキリスト教では、兄弟姉妹に信仰を同じくする仲間の意味が与えられており、とくに修道士や修道女となると、お互いを兄弟姉妹と呼び合う。神が究極の親であり、人間はその子どもと位置づけられるからである。

アンデレについて、福音書においては、十二使徒に含まれるとされることと、漁をしていたときにペトロなどとともにイエスから声をかけられたこと以外には多くのことが語られていない。ただ、「ヨハネ」では、イエスがパンと魚を増やす場面に登場し、「ここに大麦のパン五つと魚二匹とを持っている少年がいます。けれども、こんなに大勢の人では、何の役にも立たないでしょう」と言ったとされるが、これも重要な役割を果たしているわけではない。

しかし、伝説の世界では、イエスの死後、アンデレは小アジア、マケドニア、さらにははロシア南部やルーマニアに布教の旅に出たとされ、最後はギリシアのアカイア地方でX型に組まれた十字架にかけられて殉教したとされている。X型の十字架は、「聖アンデレ十字」と呼ばれ、スコットランド国旗などに取り入れられている。さらには、イギリスの国旗であるユニオン・フラッグにも組み込まれている。正教会のコンスタンティノープル総主教庁《そうしゅきょうちょう》では、アンデレを初代の総主教としており、その存在はかなり重要である。

3　大ヤコブ

十二使徒のなかには、二人のヤコブが含まれる。「ゼベダイの子ヤコブ」と「アルファイの子ヤコブ」である。前者は「大ヤコブ」、後者は「小ヤコブ」として区別されるが、大ヤコブ（以下、本項では「ヤコブ」）と呼ばれるのは、使徒のなかで最初の殉教者だからである。

「マルコ」によれば、ヤコブはガリラヤ湖畔《こはん》で兄弟のヨハネとともに舟のなかで網の手入れをしていたとき、イエスに声をかけられて、父のゼベダイや雇い人たちを残してイエスについていったとされる。

ヤコブは、十二使徒のなかでも、イエスから直弟子としての扱いを受けたとされる。使徒言行録では、ヘロデ王がキリスト教の教会を迫害し、ヨハネの兄弟ヤコブを剣で殺したと述べられている。これが、ヤコブが最初の殉教者とされる根拠となっている。それは、紀元44年頃のことと推定されている。

そのヤコブの遺《い》骸《がい》が埋葬されているとされるのが、サンティアゴ・デ・コンポステーラ大聖堂である。サンティアゴとは聖ヤコブのことで、この大聖堂はイベリア半島の北西の一角にあり、中世のはじめから多くの巡礼者を集めてきた。カトリックの三大巡礼地と言えば、今ではサン・ピエトロ大聖堂のあるローマ・バチカン、そして聖母マリアが出現したフランスのルルド、そしてサンティアゴ・デ・コンポステーラである。

十二使徒の遺骸が、なぜエルサレムからはるか遠い地に葬られているのか。そのこと自体が不思議だが、遺骸が発見されたのは9世紀のことである。ヘロデ王がヤコブを殺したのはエルサレムにおいてだから、そんなことはあり得ないはずだ。

ところが、キリスト教が歴史を重ねるにつれて、使徒たちはエルサレムからはるか遠方の地で布教活動を展開したという伝承が生まれ、7世紀後半以降になると、ヤコブはスペインに赴いたとされるようになる。ただ、そこで亡くなったとすることはできない。使徒言行録の記述があるからである。そこで、ヤコブはエルサレムに戻り、そこで殉教した後、遺骸が船でサンティアゴ・デ・コンポステーラに流れ着き、発見されたという伝承が生まれた。サンティアゴ・デ・コンポステーラへの巡礼者は、ホタテ貝を身につける。ドイツ語やフランス語で、ホタテ貝はヤコブの貝と呼ばれるからだ。

4　ヨハネ

ヨハネという名の聖人は、本書で何人か取り上げることになる。すでに洗礼者ヨハネについてはふれた。十二使徒のヨハネは、大ヤコブの兄弟とされる。したがって漁師だったことになるが、「ルカ」では、最後の晩餐に際して、ペトロとともにイエスからその準備を命じられている。

ヨハネによる福音書では、最後の晩餐に「イエスの愛しておられた者」が登場する。イエスが墓に葬られた後には、「もう一人の弟子」が登場する。両者は、実はヨハネのことではないかとされ、ヨハネによる福音書を記したのもヨハネであるとされてきた。ヨハネによる福音書を記した人物であるからこそ、自分の名を伏せたというわけである。

公同書簡のなかには、「ヨハネの手紙」1から3があり、これもヨハネによるものではないかとされてきた。「ヨハネによる黙示録」も同様である。こうしたヨハネの名を冠した文書は、「ヨハネ文書」と言われるが、現在の研究では、すべてを一人の著者が書いたのではなく、作者は複数であるという説が有力である。

イエスや弟子の言動について記した資料は、福音書に限られる。他に同時代の資料は存在しない。ユダヤ人の歴史家、フラウィウス・ヨセフスの『ユダヤ古代誌』については、第1部のヤコブの項目でふれたが、これも後世のものである。したがって、福音書に記されたことが歴史上の事実なのかどうかを判断することはかなり難しい。

ヨハネは大ヤコブの兄弟であり、漁師の出身である。漁師に生まれた人間が、後に知識人として活躍した例としては、日本の鎌倉時代の日蓮があげられる。日蓮は、安房《あわ》小湊《こみなと》の漁師の家に生まれたというのだ。だが、日蓮が自らそのように称している文書は偽書《ぎしょ》の疑いが濃い。日蓮が当時、第一級の知識人であったことはたしかで、それはヨハネによる福音書の作者についてもあてはまるはずである。

ヨハネは、エーゲ海に浮かぶギリシアの小島、パトモス島に流刑《るけい》になり、そこにある洞《どう》窟《くつ》で、ヨハネによる福音書と黙示録を執筆したとも伝えられている。ただ、これはあくまで伝説で、歴史的な事実ではない。パトモス島には、11世紀に神学者聖ヨハネ修道院が建てられており、その由来を語る伝承が後に生み出されたと考えられる。

5 フィリポ

フィリポは、どの福音書においても、十二使徒の一人に数え上げられているものの、共観福音書では、使徒であること以外、その言動はまったく伝えられていない。ただ、「ヨハネ」では、さまざまな場面に登場する。まず、その出身地はペトロやアンデレと同様にベトサイダであるとされ、ナタナエルという人物にイエスのことを伝えたとされる。あるいは、イエスがパンを増やす場面にも登場する。

そうしたなかでもっとも重要と思われるのは、フィリポがイエスに対して、「主よ、わたしたちに御父《おんちち》をお示しください。そうすれば満足できます」と訴えかける場面である。イエスは、これに対して、「フィリポ、こんなに長い間一緒にいるのに、わたしが分かっていないのか」と答える。イエスが父なる神を示さないのは、「わたしが父の内におり、父がわたしの内におられる」からだというのだ。

ここでフィリポは、長くイエスのもとにいながら、その教えを正しく理解できない人物として描かれている。それは、イエスの本当の教えがどういうものなのかを示そうとする「ヨハネ」の作者の意図にもとづくものだと考えられるが、これではフィリポは不肖《ふしょう》の弟子ということになってしまう。

新約聖書の外典の一つとして「フィリポによる福音書」というものが伝えられている。１９４５年に、エジプトのナグ・ハマディという村の近くで、古代キリスト教の文書が発見された。それは、パピルスに記された13の写本からなるもので、52の文書が含まれている。これは世紀の大発見で、全体はナグ・ハマディ文書と呼ばれる。

ナグ・ハマディ文書には、「フィリポによる福音書」のほかに「イエスの知恵」「ペトロの黙示録」「トマスによる福音書」などが含まれるが、そうした文書は、神秘的で直感的な神による啓示を重視する「グノーシス主義」の思想がもとになっている。

フィリポによる福音書では、イエスの「伴侶《はんりょ》」としてマグダラのマリアが登場する。しかも、イエスは弟子たちよりも彼女を愛していたので、何度も彼女に口づけをしたとまで述べられている。それも、グノーシス主義では、男女の交わりに象徴的で神秘的な意味があると認められているからである。

6 バルトロマイ

バルトロマイも、十二使徒のなかにあげられているものの、福音書の他の箇所には登場しない。ただ、「ヨハネ」にあげられた十二使徒のなかには、バルトロマイの名がなく、代わりに、フィリポからイエスのことを教えられたナタナエルの名があげられている。そのため、両者は同一の人物と見なされている。

「ヨハネ」では、イエスはナタナエルが自分の方に来る際、「見なさい。まことのイスラエル人だ。この人には偽《いつわ》りがない」と言ったと述べられている。なぜナタナエルが偽りのないまことのイスラエル人なのか、「ヨハネ」では、それ以上何も述べられていないので、その根拠を見出すことはできない。

4世紀の歴史家エウセビオスは、パンタイノスという人物が、バルトロマイがインドにいた痕跡《こんせき》を直接発見したと記している。あるいはもう一人の使徒タダイとともに、アルメニアで宣教したという話も伝えられている。その際に捕らえられ、殉教したともされるが、受けた刑が残虐《ざんぎゃく》で、生きたまま皮を剥《は》がされ、首を落とされたというのだ。

その死にざまがあまりに恐ろしいものであるため、キリスト教美術の世界でバルトロマイは特異な描かれ方をしている。シンボルとして肉切り庖丁《ぼうちょう》を手に持っていることが多く、皮が剥がされた腕を隠すため、布をかけているものもある。有名なものでは、システィーナ礼拝堂の祭壇後方の壁面にミケランジェロが描いた最後の審判のフレスコ画に登場する。

このフレスコ画の中心には再臨したイエスが、死者に裁きを下すところが描かれているが、そのすぐ右下にバルトロマイが描かれている。バルトロマイは右手にナイフを持ち、左手では剥がされた皮を持っている。ただ、からだには皮を剥がされた痕跡はない。

ミラノにある大聖堂、ドゥオーモには、衝撃的な「聖バルトロマイの皮剥ぎ像」が安置されている。この像は、全身皮が剥がされた状態になっていて、血管が生々しく浮き出ている。さらに、剥がされた皮を布のように身にまとっている。このことから、バルトロマイは皮《ひ》革《かく》業者を守護する聖人とも見なされている。

15世紀の末頃から神聖ローマ帝国やイタリアでバルトロマイの人気が高まるが、それはその聖遺物である皮や骨が、14世紀に大流行したペスト、黒死病《こくしびょう》から守ってくれると信じられたからだ。

7 トマス

聖書には謎の記述が登場する。トマスの場合、「ヨハネ」では「ディディモと呼ばれるトマス」という形で登場するのだが、ディディモとはギリシア語で双子を意味する。けれども、トマスの双子の兄弟については、新約聖書のどこにも出てこない。どこかでトマスは双子という伝承が生まれたものの、兄弟については忘れ去られてしまったのかもしれない。トマスが登場するのは、イエスが死んだラザロを復活させるために出かけていく場面においてである。ただ、ラザロのいるユダヤの地で、以前、イエスは石を投げられて殺されそうになった。そこで、他の使徒たちは止めるのだが、トマスは、「わたしたちも行って、一緒に死のうではないか」と覚悟のほどを示す。信仰に情熱を燃やす人物なのだ。

けれども、イエスが復活して他の使徒たちのもとに現れたという話を聞かされたときには、「あの方の手に釘の跡を見、この指を釘跡に入れてみなければ、また、この手をそのわき腹に入れてみなければ、わたしは決して信じない」と、その事実を疑う。

その8日後、イエスはまた弟子たちの前に現れ、トマスに対しては、「あなたの指をここに当てて、わたしの手を見なさい。また、あなたの手を伸ばし、わたしのわき腹に入れなさい。信じない者ではなく、信じる者になりなさい」と告げる。実際にトマスが、イエスのからだにふれたとはされていないが、「わたしの主、わたしの神よ」と言って、復活を信じるようになり、イエスからは、「わたしを見たから信じたのか。見ないのに信じる人は、幸いである」とたしなめられてしまう。

このヨハネのエピソードから、「疑い深いトマス」（カトリック）、あるいは「研究を好むフォマ（トマスの呼称）」（正教会）と呼ばれるようになる。ただ仲間の使徒たちから言われただけで、復活を信じるのは難しいはずだが、イエスの復活を信じているなら、それを疑ってはならないというわけだ。トマスは、素直に信仰を持つことができない疑り深い人間の代表と見なされている。

ナグ・ハマディ文書にも含まれる「トマスによる福音書」では、トマスはペルシアからインドにまで赴いて宣教活動を行い、槍に刺されて殉教したとされる。その遺骸は、マドラスに近いミラポアの教会に葬られた。インドに赴いた際のトマスは、その地の王から宮殿を建設する資金を提供されたものの、貧しい者に分け与えてしまったとも伝えられる。

8 徴税人マタイ

マタイによる福音書では、「徴税人のマタイ」として登場するが、「マルコ」や「ルカ」では、ただ名前があげられているだけである。また、マタイによる福音書では、マタイは収税所に座っていたとされるものの、「マルコ」や「ルカ」では、収税所に座っていたのはレビとされていて、マタイとレビは同一人物と見なされている。

新約聖書はマタイについて、イエスの使徒の一人であるとしか伝えていないが、徴税人とされていることは注目される。収税所にいたマタイが、イエスに呼び掛けられて、行動を共にするようになった直後、イエスが徴税人や罪人と一緒に食事をしていると、律法を厳格に守ろうとするファリサイ派の人間たちがそれを目撃し、使徒たちに「なぜ、あなたたちの先生は徴税人や罪人と一緒に食事をするのか」と問うからである。

当時のユダヤの社会で、税金の徴収を請け負う徴税人が忌み嫌われていたことが分かる。マタイはローマ帝国の徴税人であったと考えられるわけで、帝国は版図《はんと》を拡大し、各地でより多くの税金を徴収することを目的としている。その点で、徴税人は社会的に重要な存在である。

　こうしたエピソードは、キリスト教における金銭に対する禁欲的な姿勢を形成することに貢献した可能性がある。利子をとることが神から禁止されている点は一神教全体に共通するものの、キリスト教では商売をすることについても、同じものを別のところで高く売るだけで利益を得ようとする行為であるとし、不正な行為とされてきた。そこが、商人の宗教としてはじまったイスラム教とは大きく異なる点である。

　徴税人マタイについては、一方で、マタイによる福音書の作者ではないかという伝承がある。現代の聖書学では、その点は否定されているものの、いったい誰が福音書を書いたのかは重要な問題である。それは、他の福音書についても言える。

　マタイによる福音書では、アブラハムからイエスに至る系譜からはじまり、イエスの誕生からのことが記されている。後に使徒となったマタイがそれを目撃したはずはない。イエスの生涯全体を目撃した人間は存在しないわけで、マタイによる福音書がどのように成立したかは大きな謎である。なおマタイについても、エチオピアなどで宣教したという伝承もある。

9　アルファイの子ヤコブ

アルファイの子ヤコブは、ゼベダイの子ヤコブが「大ヤコブ」と呼ばれるのに対して、「小ヤコブ」と呼ばれる。その名が示すように、新約聖書では十二使徒とされるだけで、特別なエピソードはない。

唯一、アルファイの子ヤコブが重要な存在であるとするなら、イエスの兄弟の可能性である。「マルコ」や「ルカ」では、マリアの息子としてヤコブ、ヨセフ、ユダ、シモンの兄弟の名前があげられている。このヤコブがアルファイの子ヤコブではないかというのだ。だが、同一人物だというはっきりとした証拠があるわけではない。

イエスには他に二人の姉妹がいたともされる。イエスは神の子であり、マリアの夫ヨセフの子ではない。となると、イエスは兄弟姉妹と直接の血のつながりはないことになる。正教会になると、イエスの兄弟姉妹は、ヨセフの先妻の子とされ、マリアの子ではないことになるが、そうなると「マタイ」や「マルコ」に記されたことに反してしまう。

そのこともあるが、アルファイの子ヤコブに限らず、十二使徒については、福音書に書かれていることは、かなり限られている。福音書以外の伝承はさまざまあるわけだが、福音書を見るかぎり、十二使徒が果たして重要な存在なのかどうか、それが疑問にもなってくる。

使徒言行録になれば、ペトロは残された集団のリーダーとして活躍し、ヨハネやフィリポ、ヤコブのことも語られる。だが、最初の殉教者として大きく取り上げられるのはステファノであり、使徒たちではない。

さらに、使徒言行録の主役となるのは、生前のイエスを知らないパウロである。パウロの宣教の旅については詳しく語られているし、使徒言行録の後には、パウロの書簡がいくつもおさめられている。パウロの活躍に比べると、使徒たちの活動は霞《かす》んでしまう。

イエスが生きて活動していた時代において、果たして十二使徒は重要な存在だったのだろうか。イエスは各地をまわって教えを説き、ときには神の子として奇跡を引き起こした。福音書はあくまでイエスが中心であり、使徒の役割は小さい。それは、イエスの周辺に生まれた集団が、宗教組織としてはまだ未発達で、教団や教会と呼べるようなレベルに達していなかったことを示しているのかもしれない。注目されるところである。

10　タダイ

「ルカ」では、十二使徒の一人としてヤコブの子ユダの名があげられている。ところが「マルコ」と「マタイ」では、ヤコブの子ユダの名前はなく、小ヤコブと同様に、アルファイの子としてタダイの名前があげられている。ヤコブの子ユダとタダイとは同一人物と考えられる。

さらに、イエスの兄弟にはユダがおり、タダイもイエスの兄弟ではないかとされるが、それを否定する見解もある。

何より、ユダと言えば、イエスを裏切ったイスカリオテの方がはるかによく知られており、タダイはイスカリオテのユダと混同されてきた。福音書を正しく読んでいけば、そうした混同は起こらないはずだが、現代とは異なり、聖書が手軽に手に入り、誰でも読めたわけではない。聖書が印刷され、しかも、それぞれの国のことばで読めるようになるのは、宗教改革以降のことで、それ以前は、ギリシア語やラテン語の写本しか存在しなかった。

混同が起こるのは、新約聖書においてタダイについてもほとんど記されていないからである。ただ、記述が少ないことは、多くの伝承を生む余地があるということである。その場合、各地に宣教に出かけたというのがもっともよくあるパターンで、タダイもシリアやメソポタミア、リビア、さらにはベイルートやエデッサを訪れたとされる。

「ヨハネ」では、カナの婚礼の場面が登場する。イエスは、ブドウ酒がなくなったので、水をブドウ酒に変えるが、この婚礼における花婿《はなむこ》がタダイだともされるようになった。

西アジアのアルメニアにキリスト教を伝えたのもタダイであるとされる。アルメニア使徒教会は、「非カルゲドン派正教会」で、カトリックでも正教会でもない東方諸教会の一つである。イエスの神性と人性をめぐってはさまざまな立場があり、非カルゲドン派は、三位一体説を構成するイエスという位格において、神性と人性が合一《ごういつ》しているという立場をとる。

タダイは、裏切り者のユダと混同されたことから、長い間、「忘れられた聖人」とされてきた。そのため、いかなる逆境にある人でも救う聖人と見なされるようになり、19世紀から20世紀にかけて世界各地で信仰を集めるようになる。その影響で、アメリカでは、シカゴ市警察やメンフィスの病院の守護聖人にもなっている。

11 熱心党のシモン

ペトロの本名がシモンであるが、熱心党のシモンとは別人である。イエスの兄弟にもシモンがいて、こちらは同一人物とされることもあるが、おおむね別人と考えられている。

新約聖書では使徒の一人として名前があげられているだけである。問題はシモンに冠せられた熱心党である。「ルカ」のギリシア語原文では、熱心党ということばが用いられているものの、「マルコ」と「マタイ」では熱心者と表記される。熱心者であれば、信仰に熱心な人物と考えられるが、本書で用いる新共同訳では、すべてが熱心党と訳されている。

では、熱心党とはどういう集団なのだろうか。それは、「ゼーロータイ」とも呼ばれ、イエスが活動を展開した時代に、戦うことで神の国を実現しようとした集団であるとされる。新約聖書には、「ガリラヤ人」ということばが出てくる。これは、イエスやその弟子であるパウロ、あるいはイエスの信奉者を意味する一方で、イエスのグループとは異なる過激な集団をも意味する。

後者のガリラヤ人の指導者となったのがガリラヤのユダという人物で、まだイエスが活動を展開する前の紀元６年に、ローマ帝国の総督が行おうとした人口調査に反発し、ボイコットを呼び掛け、呼び掛けに応じなかったユダヤ人の家を焼き払ったとされる。このユダを中心とした集団が熱心党の起源であるという。

本来西暦は、イエスが生まれた年を起点としていたわけだが、最近では、実際にイエスが生まれたのは紀元前４年、あるいはそれより少し前ではないかと考えられている。イエスが生まれた時点では、初代のローマ皇帝、アウグストゥスの治世で、ユダヤの地はヘロデ王によって支配され、ローマ帝国の同盟国だった。

ところが、ヘロデ王が亡くなると、後継者争いが起こり、ユダヤはローマ帝国の属州に組み込まれた。イエスの処刑にかかわったピラトは、その総督だった。熱心党はそうした体制に対して反抗したことになる。ヨセフスによれば、イエスの死後、66年から73年にかけて起こった第1次ユダヤ戦争では、熱心党はユダヤの勢力の中心としてローマ帝国と戦ったとされる。シモンが熱心党に属していたとするなら、それは、イエスの集団にローマ帝国に対抗する政治思想があったことを意味するのかもしれない。

12 マティア

マティアは、十二使徒の補欠のような存在である。

十二使徒のなかには、もともとイスカリオテのユダが含まれていた。ところが、よく知られているように、ユダは師であるイエスを裏切る。それによってイエスは十字架にかけられて処刑されてしまうのだ。

ユダが使徒になった経緯は語られていないが、裏切りには金がからんでいる。「ヨハネ」によれば、ユダはイエスの集団の会計係をしていたが、その金をごまかしていたとされる。「マタイ」では、祭司長《さいしちょう》のもとに赴いたユダは「あの男をあなたたちに引き渡せば、幾らくれますか」と尋ね、銀貨30枚をせしめている。

よく知られているのは、イエスが最後の晩餐の席で、ユダが裏切ることを予言する場面である。「マルコ」によれば、イエスは使徒たち一同が席につくと、「はっきり言っておくが、あなたがたのうちの一人で、わたしと一緒に食事をしている者が、わたしを裏切ろうとしている」と言い出す。これによってイエスは、ユダの裏切りを予告したのだ。

ユダが、祭司長や群集を引き連れてイエスのもとへやってきたとき、イエスが誰かが分かるように接吻する。これは印象的な場面である。マタイでは、イエスに有罪判決が下ると、ユダは後悔し、金を返そうとするが、それを拒まれ、銀貨を神殿に投げ入れ、首をくくって死んだとされる。使徒言行録では、地面にまっさかさまに落ち、体が真ん中から裂け、はらわたが出て死んだともされる。

これは裏切り者がいかに過酷な報いを受けるかを示しているが、ユダがこうした悲惨な死をとげたことで、十二使徒が11人になってしまった。そこで使徒たちは、ユダの代わりを選ぼうとする。そこでは、イスラエルの十二支族のことが意識されていた。

使徒言行録によれば、新たな使徒の候補者となったのは、一人はバルサバと呼ばれユストともいうヨセフで、もう一人がマティアだった。どちらを選ぶかくじを引くことになり、マティアがあたった。くじとは安易な方法にも思えるが、古代の社会全般では、くじによって神意が分かるとされていた。ただし、その後マティアがどう活躍したかは述べられていない。エルサレムで殉教したという伝承もある。

第3部 パウロと福音書作者など

キリスト教はイエスの教えが基盤になっている。それは間違いのない事実である。福音書には、イエスの数々の教えがつづられている。だが、それがキリスト教の教えのすべてというわけではない。キリスト教が歴史を重ねるなかで、重要な人物が現れ、教えを刷新《さつしん》していった。その点で、時代によって、キリスト教はその姿を大きく変えてきたのである。

キリスト教の歴史を考える上で、パウロは極めて重要な人物である。パウロがいなかったら、果たしてキリスト教は世界宗教として大きく発展したのだろうか、それさえ疑問に思えてくる。

パウロは、生前のイエスを知らず、しかも、最初は敬虔《けいけん》なユダヤ教徒としてキリスト教を弾圧する側にあった。そうした立場にあったからこそ、パウロの回心は重要性を帯びた。キリスト教が、その立場からすれば「異教」の信仰に打ち勝ったことを意味したからだ。さらには、その後のキリスト教徒の回心のモデルにもなっていった。

ところが、新約聖書のなかで最初に成立したパウロの書簡には、福音書に記されたイエスの言行はほとんど取り上げられていない。そのことにはなかなか気づきにくいのだが、そこにキリスト教、あるいは新約聖書誕生の重大な秘密が隠されているように思える。

福音書が編纂されるのは、パウロの書簡よりも後の時代においてである。パウロは、イエスの復活を信仰の核とし、それをもとに宣教活動を展開するが、おそらく福音書の作者たちは、神の子にふさわしいイエスの伝承を次々と付け加えていったのだろう。残念ながら、福音書の作者が誰なのか、はっきりしたことは分かっていない。しかも、福音書は四つあり、それぞれが伝えるイエスの言行は異なっている。こうした聖典も珍しい。

いちいちあげていけば、新約聖書にはいくらでも矛盾がある。そうした矛盾があったとしても、信仰を貫く。そこにキリスト教の信仰の真髄があるのかもしれない。

1　パウロ

パウロはキリスト教の歴史においてもっとも重要な聖人である。その後のキリスト教のあり方を決定するような考え方を示したからだ。

パウロも、イエスと同様にユダヤ人で、使徒言行録では職業はテント職人とされる。当時のテント職人がいかなるものかは不明だが、当初、パウロは教会を破壊し、キリスト教徒を牢《ろう》に送っていたとされるから、極めて熱心なユダヤ教徒であったことになる。

だが、パウロは神の啓示を受け、眼が見えなくなる。アナニアというキリスト教徒によって癒され、回心をとげ、洗礼を施される。そこから、パウロは精力的に宣教活動を展開する。３回にわたって伝道旅行を行ったとされるものの、使徒言行録では、エルサレムでつかまったパウロがローマに送られたことまでしか記されていない。伝承では、ローマで斬首刑《ざんしゅけい》に処せられたとされる。

パウロの重要性は、一つには、ローマ帝国のなかで宣教活動を行い、ユダヤ人以外にキリスト教を広めていったことにある。ローマ帝国には、ユダヤ教徒もいたわけだが、ユダヤ教徒は、割礼を信仰の証としていて、それゆえに民族宗教に留まっていた。それに対してパウロは、民族を超えた普遍的な教えを説くことで、帝国内でキリスト教徒を増やしていったのである。

そのことにも関連するが、パウロのもう一つの重要性は、キリスト教の教えの基礎を作ったことにある。彼はイエスの教えを説いてまわったわけだが、パウロは生前のイエスを知らない。パウロにとっては、イエスが十字架にかけられて殺され、復活したことが決定的に重要で、それによって人々は罪から解放されたとした。これは後に形成される原罪と贖罪の教義の基盤となるものである。また、独身であることに価値をおいたことで、キリスト教の聖職者が禁欲を守り、妻帯しないあり方を生むことにもなった。

パウロの書簡は、新約聖書のなかではじめに成立したものだが、そこには福音書に記されたイエスの言動はほとんどふれられていない。ふれられているのは最後の晩餐のときのことだけである。これをどう考えるかは重要で、パウロの時代には、福音書に描かれるイエスについてのさまざまな伝承はまだ生まれていなかった可能性があるのだ。

2 テトス

テトスは、パウロの弟子であるとされる。ただ、パウロの宣教活動について記した使徒言行録には登場しない。登場するのはパウロの書簡においてである。

書簡の〈コリント二〉では、パウロがアナトリア半島北西部にあるトロアスに宣教のため訪れたとき、兄弟テトスに会えず、不安になり、そのままマケドニア州に向けて出発したと記されている。マケドニア州に着いたときにも、パウロたちには安らぎがなかったものの、「気落ちした者を力づけてくださる神は、テトスの到着によってわたしたちを慰めてくださいました」とあり、パウロにとって、テトスがいかに信頼に値する人物であったかが分かる。

また、同じく書簡の〈ガラテヤ〉では、パウロが回心をとげてから17年後に、その宣教の旅に同行したバルナバとともに、テトスも連れていったと記されている。その際に、テトスについて重要なことが記されているが、それは、「わたしと同行したテトスでさえ、ギリシア人であったのに、割礼を受けることを強制されませんでした」という箇所である。
割礼はユダヤ人の男性に課された慣習で、イエスや十二使徒、そしてパウロも割礼を施されていたはずだ。割礼という慣習は、創世記に登場するアブラハムに遡る。アブラハムは、高齢になって授かったイサクという子を犠牲にするよう神から命じられた際に、抵抗せず、命令に従ったことで、一神教の世界では信仰者の模範とされている。イスラム教のムハンマドも、自分たちの信仰は、アブラハムにはじまるという立場をとっていた。

そのアブラハムが神と契約を交わした際、割礼がその証となった。神は、「あなたたち、およびあなたの後に続く子孫と、わたしとの間で守るべき契約はこれである。すなわち、あなたたちの男子はすべて、割礼を受ける」と命じたのである。そのときアブラハムはなんと99歳だった。

これによって割礼はユダヤ教徒の証となったわけだが、テトスは割礼を施されていない。〈ガラテヤ〉で、パウロは、「ペトロには割礼を受けた人々に対する福音が任されたように、わたしには割礼を受けていない人々に対する福音が任されていることを知りました」と述べ、自分はテトスのような、ユダヤ人からすれば異邦人にあたる人々に宣教する役割を負わされているのだとしているのである。

3　テモテ

ローマ帝国のもとで、ユダヤ人とキリスト教徒を区別するものが、割礼を施すかどうかである。キリスト教は、割礼の慣習を止め、洗礼を導入することで、ユダヤ人以外に信仰を広めていった。使徒言行録には、ペトロやパウロが洗礼を勧めたことが記されている。

ところが、パウロは弟子であるテモテを宣教の旅に連れていこうとしたとき、「その地方に住むユダヤ人の手前、彼に割礼を授けた」とある。なぜなら、テモテの父親がギリシア人であることは、つまりは割礼を受けていないことは周知の事実だったからである。こうしたパウロの姿勢は、中途半端だったようにも思える。

テモテは、パウロの第２回の宣教の旅にも、第３回にも同行した。さらには、パウロの手によって、マケドニア州にも派遣されている。宣教を行う上で十分な指導力があると見込まれたからだろう。

〈コリント一〉では、パウロがいかにテモテを信頼していたかが示されている。パウロは、

「テモテをそちらに遣わしたのは、このことのためです。彼は、わたしの愛する子で、主において忠実な者であり、至るところのすべての教会でわたしが教えているとおりに、キリスト・イエスに結ばれたわたしの生き方を、あなたがたに思い起こさせることでしょう」と述べているからである。

イエスと十二使徒がどのような関係を持ったのか、福音書には必ずしも詳しいことが記されているわけではない。だが、ペトロがイエスの使徒であることを否認すると予告したことや、ユダの裏切りを示唆したところには、イエスの弟子に対する厳しい姿勢が示されている。それに比較したとき、パウロの弟子たちに対する姿勢はかなりゆるいものに感じられる。それは、テモテに割礼を施したこととも関連する。あまり過激な行動に出て周囲と対立することを防いでいるのだ。

パウロがテモテに宛てたという体裁がとられているのが、テモテへの手紙一と二である。〈テモテ一〉では、祈りの仕方、監督や奉仕者のあり方、さらには信者がとるべき姿についてアドバイスがなされており、それは重要である。だが、〈テモテ一〉は二とともに、パウロによるものではないとされている。

4　バルナバ

バルナバは、生まれたばかりのキリスト教徒の集団のスポンサーの役割を果たした人物である。そのことにふれた使徒言行録には、興味深い記述がある。当初のキリスト教徒の集団がどのようなものであったかを教えてくれるからである。

そこにはこうある。「信じた人々の群れは心も思いも一つにし、一人として持ち物を自分のものだと言う者はなく、すべてを共有していた」。キリスト教徒の集団が原始共産制と結びつけられることがあるが、これはその根拠になるものだ。その結果、「信者の中には、一人も貧しい人がいなかった」という。なぜなら、「土地や家を持っている人が皆、それを売っては代金を持ち寄り、使徒たちの足もとに置き、その金は必要に応じて、おのおのに分配されたからである」。バルナバは、こうした集団を維持するために、畑を売り、その代金を使徒たちの足もとに置いたというのだ。

バルナバは、キプロス島生まれのユダヤ人で、レビ族に属し、本名はヨセフであるという。バルナバと呼ばれたのは、それが「慰《なぐさ》めの子」を意味するからで、金銭を提供する行為が評価されたからである。

中東の世界は、今でもそうだが部族社会である。だからこそ、十二使徒がユダヤの十二支族をもとにしていたわけである。しかし、この使徒言行録の記述からすれば、キリスト教徒の集団は、部族の枠を超え、信仰によって結ばれていたように見える。だが、集団を維持するには資金が必要だ。バルナバが畑を所有していた点で農民であるとするなら、生活を支える上で決定的に重要な畑を売る行為は、彼がいかに献身的であったかを示す。

使徒言行録では、バルナバがパウロと行動をともにしたことを示す記述が数多く登場する。しかも、「パウロとバルナバ」ではなく、「バルナバとパウロ」という書き方がされる。パウロの書簡にも、何度かバルナバが登場する。

ただ、宣教活動に誰を連れていくかでバルナバとパウロのあいだで意見が激しく衝突し、二人はそれぞれ別の人間を連れて異なる地域に宣教に出かける。バルナバが向かったのは故郷のキプロス島だった。このエピソードは、当初のキリスト教徒の集団において、必ずしも「心も思いも一つ」ではなかったことを示している。

5 クレメンス1世

クレメンス1世は、第4代のローマ教皇とされている。ただ、クレメンス1世は30年代に生まれ１０１年頃に亡くなったと考えられており、当時の教皇という存在が、今日と同じように教会組織全体の頂点に位置していたということではないだろう。初代の教皇は十二使徒の一人、ペトロで、教皇がキリストの代理者と位置づけられるのは４９５年のことである。クレメンス1世が在位していた時期、必ずしも教皇とされてはいなかったに違いない。ローマ司教という呼び方のほうがふさわしい。

パウロによる〈フィリピ〉には、クレメンスの名前が登場する。「命の書に名を記されているクレメンスや他の協力者たち」という形で、である。命の書という言い方は、新約聖書では7箇所登場し、そのうち6箇所は黙示録においてである。そこでは、命の書とはイエスを神の子として信じる人々の名簿のようなものとされており、〈フィリピ〉の場合にも、その意味だろう。このクレメンスがクレメンス1世のことではないかとされ、パウロは彼を忠実な信者と見なしていたことが考えられる。

クレメンス1世にかんしては、使徒教父文書としてクレメンスの第一の手紙と第二の手紙が残されている。第二の手紙についてはクレメンス1世によるものではないとされているが、第一の手紙は、コリントの教会で起こった騒動を鎮静化させるために書かれたもので、ローマ司教という存在がさまざまな教会の調停者の役割を果たすようになったことを示唆している。クレメンス1世は、コリントの教会のメンバーに対して、お互いに愛し合い尊敬するように勧めている。そこには、「イエスに従うすべての人びとの目的は平和である」ということばも登場する。

キリスト教は、世の終わりが近づいているとする終末論を信奉する宗教としてはじまったが、そうした時が訪れなかったこともあり、次第に教会に救済の機能が備わっていることを強調するようになる。その点で教会の存在は決定的に重要で、教会を監督、指導するローマ司教、さらにはローマ教皇の存在感は次第に大きなものになっていった。クレメンス1世は、まさにその象徴である。ローマ皇帝によってクリミア半島に追放され、奴隷として働くなかで宣教を続けたために殉教したという伝承もある。

6 福音宣教者フィリポ

宗教においては教えを広める布教活動、宣教は決定的に重要だと考えられている。だが、宗教によって布教の方法は異なる。仏教だと、教えを広める「弘法《ぐほう》」よりも、教えを求める「求法《ぐほう》」の方が重視されている。求法の典型として、中国の僧侶がインドに仏典を求めて旅したことがあげられる。玄奘《げんじょう》（三蔵法師）がその代表だが、彼はインドから大量に仏典を持ち帰り、それを漢訳した。仏典を伝えることが布教に結びついたのだ。

イスラム教になると、布教という行為は信者の義務とはされていない。というのも、イスラム教では、俗界を離れた専門の宗教家がいないからだ。俗人には仕事があり、布教に専念するわけにはいかない。ただ、商人だと各地を旅するので、実質的に布教師の役割を果たしてきた。それは、インドのジャイナ教の場合にも共通する。

それに対して、キリスト教における宣教は、信仰活動のなかでもっとも重視され、俗界を離れた聖職者がその役割を果たす。宣教師と呼ばれる人たちだ。フィリポは、その先駆者ということになる。

フィリポの宣教については使徒言行録に記されている。十二使徒は、その弟子たちのなかから補佐役として7人を選ぶが、その一人がフィリポだった。フィリポは、サマリアの街で宣教活動を行うが、「群衆は、フィリポの行うしるしを見聞きしていたので、こぞってその話に聞き入った」とある。

そのサマリアでは、魔術を使うシモンという人物がいて、街の人々は彼にこころを奪われていた。ところが、フィリポが宣教活動を行うと、多くの人々が洗礼を受け、シモンもそれにならった。その後、ペトロとヨハネがサマリアを訪れ、人々に手を置いて聖霊を授けるのを見て、シモンは、金でその力を買おうとした。このエピソードから、中世ヨーロッパにおいては、聖職を売買することは「シモニア」と呼ばれるようになる。

その後、フィリポの方は、エチオピア人の宦官《かんがん》（後宮に仕えた去勢された男の役人）に洗礼を施し、小アジアの港街であるカイサリアに至り、そこに定住する。そして、パウロたちがカイサリアに赴いた際には、フィリポの家に宿泊している。フィリポには、4人の未婚の娘がいて、みな予言を行ったというが、それがどういうものか、使徒言行録では詳しくは述べられていない。

7 マルコ

十二使徒のうち、ヨハネと徴税人マタイが、それぞれヨハネによる福音書とマタイによる福音書の作者とされてきたことについては、すでにふれた。ただ、歴史的にそれが証明されたわけではない。

マルコによる福音書の作者とされるのが、この項で紹介するマルコである。福音書がおさめられた順は、「マタイ」「マルコ」「ルカ」「ヨハネ」だが、もっとも成立年代が古いのが「マルコ」である。「マルコ」は福音書のなかでもっとも短いので、「マタイ」の要約版として軽視されてきたところがあるが、聖書学では、「マタイ」と「ルカ」は、「マルコ」とQ資料をもとに書かれたとされている。その点で、「マルコ」は極めて重要である。

マルコの名は使徒言行録に登場する。ヘロデ王によって、大ヤコブが殺害され、ペトロも牢に入れられるのだが、天使によって解放され、その際に赴いたのが「マルコと呼ばれていたヨハネの母マリア」の家だった。また、パウロとバルナバが宣教に誰を連れていくかでもめるが、それもパウロがマルコの同行を拒否したからだった。それでマルコは、バルナバとキプロス島に向かう。

パウロによる書簡〈フィレモン〉では、パウロの協力者としてマルコの名があげられている。獄中で記された〈コロサイ〉では、マルコはバルナバの従兄弟とされている。

このように、マルコはパウロと関係が深かったわけで、それがマルコを福音書の作者とすることに結びついている。だが、マルコが福音書を編纂したという記述があるわけではない。

しかも、当初からマルコによる福音書という呼び方が存在したわけではない。そもそも福音書という言い方がされるようになるのは2世紀からである。外典を含め、いくつも福音書が存在することから、作者の名で区別されるようになったのである。

「マルコ」の成立は70年頃とされるが、3世紀から4世紀にかけて聖書について研究し、正典の確立にも関与したカエサレアのエウセビオスによれば、マルコはペトロの通訳となり、ペトロが記憶していたことを忠実に記録したという。ただ、「マルコ」の冒頭は、洗礼者ヨハネの活動からはじまっており、ペトロがイエスから声をかけられるのは、その後である。ペトロが洗礼者ヨハネのことについてどうやって知ったのかが問題になる。

8 ルカ

ルカは、ルカによる福音書とともに、使徒言行録の作者ではないかと言われてきた。

ルカがパウロの近くにいたことは、パウロの書簡に示されている。〈コロサイ〉では、「愛する医者ルカ」とあり、職業が医者だったことが分かる。医学の伝統はギリシアに遡るもので、ヒポクラテスがその代表である。ただ、古代における医学を体系化したギリシアのガレノスが登場するのは2世紀半ば以降であり、それ以前のルカに医者としてどれほどの技量があったかは分からない。

使徒言行録の冒頭には、「テオフィロさま、わたしは先に第一巻を著して、イエスが行い、また教え始めてから、お選びになった使徒たちに聖霊を通して指図を与え、天に上げられた日までのすべてのことについて書き記しました」とある。「ルカ」でも、その冒頭ではテオフィロの名があげられており、これは神の友の意味である。この使徒言行録と「ルカ」の冒頭の記述から、二つの文書がルカという同一の人物の手になるものだとされてきたわけである。

また、使徒言行録では、パウロらの宣教活動を記す際に、「わたしたち」という言い方がされており、これもルカがパウロに同行し、その活動をつぶさに観察したことを示していると考えられている。だが、ルカによる福音書の作者については論争があり、ルカと断言できるわけではない。要するに福音書の作者はどの場合も確定していないのだ。

2世紀から4世紀に書かれた「反マルキオン序文」には、ルカについて、アンティオキアのシリア人で、職業は医者であり、パウロが殉教するまでともに行動し、その後は生涯妻帯せず、84歳でボイオティアで亡くなったとある。この序文は、新約聖書のラテン語訳写本に含まれるものである。

ただ、「ルカ」と使徒言行録が同じ作者によるもので、もともとは一つの文章であったことを支持する研究者は多い。ことば遣いやその思想が共通しているというのだ。「マタイ」では、イエスにつらなる系譜が信仰上の模範となるアブラハムからはじまっているのに対して、「ルカ」では人類の始祖であるアダムからはじまっている。そこから、ルカは、ユダヤ人以外の人間にむけて福音書を編纂したのではないかとも考えられているのである。

第4部

殉教者たち

生物の一員である人間は、最終的に死を免れることができない。だから、古来から「不老不死」を願ってきた。

ところが、道教《どうきょう》のように不老不死をめざす宗教もあるが、死に大きな価値をおくのが宗教の特徴でもある。仏教では、釈迦の死は「涅槃《ねはん》」として究極の悟りとされ、それが目指されたし、「諸経の王」とも呼ばれ尊ばれた『法華経』では「不惜身命《ふしゃくしんみょう》」が説かれ、信仰のために命を落とすことが称揚された。『法華経』を信奉し、その注釈書を著した聖徳太子ゆかりの法隆寺の玉虫厨子《たまむしのずし》には、前世の釈迦が、飢えた虎の子を救うために自らの命を犠牲にして食べられる「捨身飼《しゃしんし》虎図《こず》」が描かれている。

キリスト教では、「殉教」ということに価値がおかれるようになる。それは、キリスト教が広がりを見せたローマ帝国において迫害がくり返され、多くのキリスト教徒が死を強いられたからだ。

殉教は、教えを貫いて亡くなることで、殉教者は信仰者の模範と考えられた。そうした殉教者が聖人として最初に崇敬の対象となり、聖人は数々の奇跡を引き起こすとされるようになる。ローマ帝国において、多くの殉教者が生まれなかったとしたら、果たして聖人崇敬はキリスト教のなかで重要なものとなっただろうか。

人間が亡くなれば、後には遺体が残り、遺骨が残る。遺体や遺骨は「聖遺物」として崇敬の対象になり、教会に安置されることとなった。教会ではミサというもっとも重要な儀式が営まれるが、その神聖性を保証するのが聖遺物だった。だからこそ、聖遺物は強く求められるようになり、中世においては略奪や売買まで行われたのだ。

やがて、キリスト教はローマ帝国の国教になるが、それも、多くの殉教者が生まれ、聖人として崇敬されるようになったからである。殉教者の列伝は初期キリスト教の歩みを示している。重要なのは、殉教することが待望されたことで、後に日本でキリシタンの信仰が禁じられたとき、それでも海外から宣教師がやってきたのも、殉教を望んでのことだったのである。

1　ステファノ

聖人となる第一の条件としては殉教したことがあげられるわけだが、最初の殉教者はステファノであるとされる。ステファノが殉教するまでのことは、使徒言行録に詳しく描かれている。

ステファノは十二使徒が選んだ7人の筆頭にあげられている。そして、「ステファノは恵みと力に満ち、すばらしい不思議な業としるしを民衆の間で行っていた」ともされる。しかし、このとき、ギリシア語を話すユダヤ人とヘブライ語を話すユダヤ人とのあいだで衝突が起こっていた。そのため、ステファノは批判を受けるようになるのだが、相手を言い負かしてしまった。それが、かえって論争相手の怒りを買うことになり、ステファノは「モーセと神を冒瀆する言葉を吐くのを聞いた」と言いがかりをつけられ、最高法院まで引かれていった。

最高法院の席についたステファノの顔は、「さながら天使の顔のように見えた」とされるが、彼は、アブラハムのことから説き起こし、指導者となったモーセのことにもふれ、ユダヤ教における神殿中心の信仰が、神が定めた偶像崇拝の禁止に反しているとして、それを厳しく糾弾した。「あなたがたは、いつも聖霊に逆らっています」というのだ。

当然、このステファノによる糾弾は怒りをかったが、「ステファノは聖霊に満たされ、天を見つめ、神の栄光と神の右に立っておられるイエスとを見て、『天が開いて、人の子が神の右に立っておられるのが見える』と言った」とされる。彼は幻視《げんし》者《しゃ》でもあったのだ。

怒った人々は、ステファノめがけて一斉に襲いかかり、都の外へ引きずり出し、石を投げた。それでもステファノは、「主イエスよ、わたしの霊をお受けください」と言い、なおかつ、「主よ、この罪を彼らに負わせないでください」と叫んで亡くなるのだった。

このように、使徒言行録はステファノがいかに純粋で、信仰を貫き通したかを強調するが、その場面の最後に、回心する前のパウロ（サウロとして）がステファノの殺害に賛成していたことにふれている。回心した後のパウロは、このときのことについて、「あなたの証人ステファノの血が流されたとき、わたしもその場にいてそれに賛成し、彼を殺す者たちの上着の番もしたのです」と告白している。

2　アンティオキアのイグナティオス

キリスト教がローマ帝国に広がっていくなかで、五つの都市に総主教座《そうしゅきょうざ》という教会活動の拠点が築かれた。五つとは、ローマ、コンスタンティノープル（現在のイスタンブール）、アレクサンドリア、エルサレム、そしてアンティオキアである。アンティオキアは、シリアの都市である。

そのアンティオキアの第2代の主教（司教）になったのがイグナティオスであるが、その姿が聖像であるイコンに描かれるとき、ライオンとおぼしき野獣に襲われている。彼は教会の責任者として逮捕され、ローマに護送された後、野獣と戦う刑に処せられたのだ。

こうした形での殉教だけでも、イグナティオスが聖人として崇敬の対象になるのは当然だが、キリスト教の神学を形成する上でもかなり重要な役割を果たしている。その点は、使徒教父文書に含まれるイグナティオスの手紙に示されている。イグナティオスのものとされる手紙は全部で16通あるものの、そのうち7通が本物で、後は偽物である。著名な人物になれば、後世、その人物に仮託《かたく》する形で偽書が作られることはめずらしくない。

イグナティオスが主張したこととして一つ重要なのは、土曜日と定められていたユダヤ教の安息日を守るのではなく、日曜日の「主の日」を守るよう勧めたことである。これは、割礼から洗礼への変化とともに、ユダヤ教の改革運動としてはじまったキリスト教をユダヤ教から独立させる上で重要な意味を持った。

しかし、それ以上に重要なことは殉教を神学的に評価したことである。キリスト教にはライバルとなった宗教がいくつかあり、そのなかにミトラ教があった。ミトラ教は、太陽神ミトラを信仰の対象とするもので、「密儀《みつぎ》宗教」と呼ばれることが多く、信者にだけ明かされる秘儀を特徴とした。そうした密儀宗教では、死んで蘇る神の運命に参与することが救済に結びつくと考えられていた。

イグナティオスは、こうした密儀宗教の考え方をキリスト教に応用し、イエスがたどった運命を反復することで救われるのだとし、あえて殉教を望むようになった。したがって、ローマへ護送された際、助命運動が起こるのだが、それではせっかくの殉教の機会を逸することにつながると拒否した。つまり、イグナティオスは喜んで野獣に食われたのである。そして、彼の主張はその後次々と殉教者を生むことにつながっていくことになる。

3 ユスティノス

イエスの教えがそのままキリスト教の教義になったというわけではない。キリスト教はさまざまな派に分かれていくが、ほとんどの派に共通する教義が「三位一体説」である。これは、神と神の子イエス、そして聖霊は、位格としては三つに分かれるがすべては一体であるという教義である。その意味するところは難解だが、福音書のどこを見ても、イエスがこうした教えを説いたとはされていない。不思議なことに、イエスはキリスト教のもっとも基本的な教義を、少なくとも生前は知らなかったのだ。

では、三位一体説はどのようにして生み出されていったのだろうか。

そのきっかけを作った一人がパレスチナ生まれのギリシア人であるユスティノスである。キリスト教の初期の時代に、ギリシア語を使って神学的な著述を行った人物を「ギリシア教父」と呼ぶが、ユスティノスはその一人である。彼の特徴は、キリスト教に改宗する前にギリシアの哲学を学んでいたことである。ギリシア哲学の重要な概念にロゴスがあり、それは、世界を支配する法、あるいは真理の意味を持つ。ユスティノスは、イエスをロゴスとしてとらえた。「ロゴス・キリスト論」である。

ユスティノスは１００年頃に生まれたとされ、ギリシア哲学のストア派、ペリパトス派、ピュタゴラス派を学ぶが、最後は永遠不変の価値であるイデアを重視するプラトン主義に行き着いた。ロゴス・キリスト論は、それを基盤として生み出された。

ただ、イエスをロゴスとしてとらえるとすると、今度はイエスと神との関係が問題になってくる。どちらも究極的な実在となってしまうからである。そこでユスティノスは、父と子は別のものではあるが、本性として同等であるという議論を展開するようになる。そして、イエスを第２位、聖霊を第３位と位置づけた。これが、三位一体説を生み出すことにつながっていく。

一方で、ユスティノスは、当時流行していた物質と霊とを対立的にとらえる二元論の傾向があるグノーシス主義に対しては、それを徹底的に批判した。ユスティノスは最後、ローマに赴くが、禁欲的な生活を重視するキニク派のクレスケンスから告発を受け、１６５年に裁判にかけられて処刑され、殉教している。

4　セシリア

聖人は、その生前のあり方にもとづいて、さまざまな事柄を守護する役割を与えられている。これは、日本で、たとえば大国主命《おおくにぬしのみこと》が縁結《えんむす》びの神とされるのと共通する。

セシリアの場合には、音楽や音楽家を守護する聖人とされている。それも彼女が結婚を強いられ、結婚式の際に、こころのなかで神にむかって歌っていたからだという。そのため、セシリアの姿が描かれるとき、彼女はヴィオラやオルガンを演奏している。フランスの著名なヴァイオリン製作者のジャン＝バティスト・ヴィヨームは、自らが製作した楽器にセシリアの名を刻印している。また、彼女に捧げられた楽曲も多い。

もう一つ、彼女の殉教の特徴は、処女のままだったことである。聖母マリアは、処女のままイエスを宿したわけで、イエスも、福音書の記述を見る限り、結婚してもいなければ、女性と交わったこともない。

ただ、イエスは独身を勧めたわけではない。独身でいることの価値を主張したのがパウロで、〈コリント一〉では、「わたしとしては、皆がわたしのように独りでいてほしい」と述べている。創世記では、生き物を創造した神は、「産めよ、増えよ、海の水に満ちよ。鳥は地の上に増えよ」と命じており、独身を勧めることは神の命令に背くことになる。だがパウロは、未婚者とやもめに対して独身を勧め、「自分を抑制できなければ結婚しなさい」と述べている。結婚は、好ましいこととはされておらず、これが、キリスト教の聖職者が生涯独身を守る根拠にもなっている。

セシリアは処女の誓いを立てていた。ところが、貴族であった彼女の両親は、ヴァレリアヌスというキリスト教の信者ではない貴族と婚約させた。セシリアは初夜を拒み、相手をキリスト教に改宗させた。それで処女を守ったのである。

ヴァレリアヌスの兄弟ティブルティウスも改宗し、二人は、殉教者の遺体を引き取り、埋葬することを行っていたため、アレクサンデル・セウェルス帝の治世下に逮捕され、死刑に処せられた。セシリアも同時に処刑されるが、その際に剣で３回打たれたものの、３日間生き続けたという伝説が残されている。それは２３０年頃のこととされるが、一方で、マルクス・アウレリウス帝の時代、１７６年から１８０年の間に殉教したという説もある。

5 アガタ

セシリアのことは、聖人伝の代表である『黄金伝説』に記されており、アガタの場合にも同様である。そのためか、この二人の女性が殉教に至るまでの過程には似たところがある。アガタも処女の誓いを立て、そのために迫害され、拷問を受けるのだが、乳房を切り落とされるという残虐な扱いを受ける。

しかも、そうした伝説があるため、アガタが描かれるとき、乳房が切り取られているだけではなく、彼女自身が切り取られた乳房を皿に乗せて持っている姿をとる。スペインの画家、フランシスコ・デ・スルバランの絵がその代表だが、美しく描かれたアガタは首をかしげていて、とても自らの乳房を皿に乗せているようには見えない。

アガタはイタリアのシチリアの出身で、シチリアのアガタと呼ばれるが、そこには、「聖アガタの胸」、ないしは「処女の胸」という菓子があり、毎年2月の最初の5日間に行われるアガタの祭の際に作られる。それは、乳房のような形のスポンジケーキを白くアイシングし、砂糖漬けのチェリーを乗せたものである。

15歳のアガタは、裕福で高貴な家の生まれだったが、好色なローマの長官クインチアノに見初められ、結婚を迫られた。ところが、彼女がそれを拒んだため、長官は彼女を堕落させようと売春宿《ばいしゅんやど》に送り込む。しかし、彼女の意志が堅固《けんご》であったため、この試みは失敗に終わってしまう。

そこでクインチアノは、彼女と議論し、脅迫した後、投獄して拷問した。彼女のからだは拷問台の上に縛りつけられ、松明《たいまつ》の火であぶられたのだが、彼女は喜びの表情を浮かべたままだった。殉教することがエクスタシーに結びついたのだ。業をにやしたクインチアノによって乳房を切り取られたのは、そのときである。

最後火あぶりの刑に処せられることになったものの、地震が起こり、刑を免れる。しかし、２５０年頃に獄中で亡くなったと伝えられている。獄中にあったとき、彼女の前にペトロが現れ、胸を元どおりにしたという伝説もある。このため、アガタは乳癌患者の守護聖人になっているが、乳房の形から、鐘の製作者、あるいはパン職人の守護聖人にもなっている。

6　クリストフォロス

　クリストフォロスは3世紀から4世紀の間に殉教したと伝えられるものの、デキウス帝の治世下だったとも、マクシミヌス・ダイア帝の治世下だったとも言われ、時期ははっきりしない。さまざまな伝承があり、実際の姿がどのようなものであったかも明確ではない。伝承はまるでおとぎ話のようである。

　クリストフォロスは最初、レプロバスと呼ばれていて、カナン人だったが、2メートルを超える巨人であった。キリスト教の初期の時代、まだ修道院が生まれる前には「隠修《いんしゅう》士《し》」と呼ばれ、荒野で修行する人間がいたが、レプロバスはそうした隠修士の一人に仕えるようになる。隠修士からは、旅人が川を渡るのを助けていれば、それがイエスに仕えることになると提案された。

　レプロバスはその提案に従って、川を渡す奉仕をしていたのだが、嵐に見舞われたとき、小さな子どもを渡すことになった。レプロバスは子どもを背負って川を渡っていったのだが、進むにつれて子どものからだは重くなり、おまけに川は増水し、難儀した。

ようやく向こう岸にたどり着き、レプロバスが子どもに名前を尋ねると、イエスだという答えが返ってきた。イエスは、レプロバスに対して、これからは、「キリストを背負う者」という意味のクリストフォロスを名乗るように命じた。しかも、イエスに命じられてレプロバスが杖《つえ》を地面に突き刺すと、そこからは枝と葉が生え、たちまち巨木になった。これを見て、多くの人間がキリスト教に改宗したとされる。

この話によって、クリストフォロスは、旅行者を守護する役割を果たすようになるが、正教会には別の伝承がある。それは、クリストフォロスは北アフリカの獰猛《どうもう》な一族の出身で、犬の頭をしていたというのだ。キリスト教に改宗した後、捕虜《ほりょ》になりローマで殉教した。犬の頭をした人間についての話は、アレクサンダー大王の伝説やアーサー王伝説に登場するし、中世のマルコ・ポーロやイブン・バットゥータの旅行記にも登場する。

クリストフォロスが歴史的に実在した唯一の証拠は、トルコの北方のビテュニアにある教会が献じられたというものである。教会の建設は４５０年頃で、この時代にはすでにクリストフォロスは聖人として崇敬の対象になっていたことになる。

7　ラウレンティウス

ローマ帝国においてキリスト教が公認され、国教の地位を獲得するまで、くり返し迫害されたというのがキリスト教会側の主張である。迫害によって多くの殉教者が生まれた。迫害がいかに凄まじいものであったかを示すために、それぞれの聖人についての処刑の様子は凄惨なものとして語られている。

ラウレンティウスの場合には、火あぶりになったことが強調され、格子《こうし》状の鉄板の上で焼かれる姿は16世紀から17世紀にかけてのフランドルの画家、ルーベンスなどによって描かれている。彼を火あぶりにしたローマ帝国の兵士に対して、ラウレンティウスは、「こちら側は十分に焼けたからひっくり返すことができる」と告げたという。この殉教の様子を聞いて、キリスト教に改宗する人間が多く現れた。

ラウレンティウスは、スペインのバレンシアで生まれ、サラゴサに出てきた。そこでギリシア生まれで教師だった後の教皇シクストゥス2世と出会い、助祭（司祭に次ぐ地位）

に叙階《じょかい》され、教会の財産を管理する執事の役割を担うことになる。あわせて、貧しい人々に施《ほどこ》しをする役割も果たすようになる。

キリスト教において、富の問題は極めて重要で、イエスは生涯清貧《せいひん》の生活を送ったとされている。そのため、富を蓄積することは好ましいこととは考えられず、次々と生まれた修道院も、清貧の生活を実践する場ととらえられた。ただ、キリスト教の修道院のモットーは「祈れ、働け」で、修道士が労働に従事した結果、かえって修道院が富を蓄積する結果にもなり、ときにそれは堕落に結びついた。そこに、清貧と富の問題の難しさが露呈している。

ラウレンティウスが処刑される際にも、そこには富の問題がかかわっていたようで、ローマ帝国の側が教会に財産を渡すよう要求してきたとき、それを拒んだことが原因となっていた。シクストゥス2世や教皇に仕えていた他の執事が処刑され、それはラウレンティウスにも及ぶことになった。彼が処刑されたのは２５８年のことであった。

ラウレンティウスに対する崇敬は4世紀には行われるようになっており、ローマのルキナにあるサン・ロレンツォ教会には格子状の鉄板が聖遺物として安置されている。

8 キプリアヌス

キリスト教のスローガンとして著名なものに、「教会の外に救いなし」というものがあるが、このことばはキプリアヌスに帰せられている。その書簡に登場するからである。ただ、今日では、このことばがキリスト教の排外主義に結びつくとして問題視されるようになり、その使い方には慎重さが求められるようになってきた。

しかしながら、このスローガンがキリスト教の長い歴史のなかで極めて重要な意味を持ったことは否定できない。

キリスト教は最初、終末論を強調する宗教としてはじまった。最後の審判は迫っており、その際に十字架にかけられて殺されたイエスが救世主として再臨すると信じられていた。ところが、最後の審判はなかなか訪れなかった。これは、キリスト教の側が主張した予言が外れたことを意味しており、それによって信仰が失われても不思議ではなかった。その際に、教会に救済の機能が備わっていることが強調されるようになり、あわせて洗礼からはじまる七つの秘跡《ひせき》（ほかには堅信《けんしん》、聖体、告解《こっかい》、終油《しゅうゆ》、叙階、結婚がある。正教会では秘跡を機密《きみつ》と呼ぶ）が確立されることになる。キプリアヌスは、幼児洗礼を重視し、迫害によって一旦棄教した者が教会に復帰する際には、再洗礼が必要であるとも説いた。

キプリアヌスは、３世紀の初頭に北アフリカで生まれ、カルタゴで古典教育を受けたとされる。カルタゴはレバノン周辺にいたフェニキア人が建てた国で、海上貿易で栄えたが、ローマ帝国に戦争で敗れ、属国《ぞっこく》になっていた。キプリアヌスは、カルタゴで司教になり、教会の運営を司ることになるが、迫害もあり、教会の分裂という事態も経験することとなった。

同じカルタゴに生まれたラテン教父にテルトゥリアヌスがいて、キプリアヌスはその影響を大きく受けている。テルトゥリアヌスに帰せられることばとしては、「不合理なるが故に我信ず」というものがあり、キリスト論や三位一体説の確立に大きな役割を果たした。また、「殉教者の血は教会の種」ということばも残している。テルトゥリアヌス自身は殉教しておらず、聖人にはなっていないが、キプリアヌスは２５８年に殉教し、聖人となっている。

9 ヴァレンティヌス

ヴァレンティヌスほど有名な聖人はいない。なにしろ、日本でも祝われるバレンタイン・デーの由来になっているからである。ただ、チョコレートを異性に渡す日本人の女性が、その際に、この聖人のことを思い浮かべることはほとんどないだろう。

バレンタイン・デーがどのようにしてはじまったのかについてはさまざまな説がある。日本に伝えられた経緯についても同様である。それは慣習全般について言えることで、バレンタイン・デーもローマ帝国の時代にはじまったとも言われる。

キリスト教では、その勢力範囲が拡大していくなかで、さまざまな行事が生まれていった。もっとも重要なのがイエスの生誕を祝うクリスマスになるが、どの福音書にもイエスが12月25日に生まれたとは記されていない。聖書全体が季節感に乏しく、イエスがいつ生まれたのか定かではないのだ。

クリスマスが12月25日に定まったのは、ゲルマン人の冬至《とうじ》の祭がもとになっているともされる。冬至は一年でもっとも日が短くなる日で、そこから新しい年がはじまるとも見なされている。それで、新しい時代を開いたイエスの誕生にふさわしいと判断されたものと考えられる。

だが、クリスマスが、キリスト教の側からすれば、「異教」の祭であることはたしかで、純粋な信仰を求めるピューリタンが多いアメリカでは、長くクリスマスを祝うことがなかった。バレンタイン・デーの場合にも、もともとはローマ神話に登場するユーノーという女神の祭日だった。その日にヴァレンティヌスは殉教したというのだ。ただ、正教会での祝日は7月6日である。

ヴァレンティヌスがどういう人物であったのかということにもなるが、モデルとしては3人いて、そのうち2人はローマで殉教した司教であったとされる。正体がはっきりしない分、後世においてさまざまな伝説が生まれた。伝説では、ヴァレンティヌスはさまざまな形で愛ということと結びつけられ、それが、バレンタイン・デーを生むことにもつながっていくが、あるいは愛する者同士がプレゼントを交換する行事が先にあり、そこからヴァレンティヌスの伝説が生まれたのかもしれない。

10 セバスティアヌス

セバスティアヌスは著名な聖人である。なにしろ、その姿は、ボッティチェリやエル・グレコなどの優れた画家によって描かれてきたからである。しかも、腰に白い布を巻いただけで後は裸で、からだにはいくつもの矢が突き刺さっている。筋肉はたくましく、恍惚《こうこつ》とした表情を浮かべているかのようにも見える。

三島由紀夫は、バロック時代のイタリアの画家グイド・レーニの描いた「聖セバスチャンの殉教」を見て、主人公が性的に興奮する場面を自伝的な小説『仮面の告白』で描き、ボディービルで鍛え上げたからだに矢が突き刺さっている自らの姿を、若き篠山紀信に撮影させている。

その点で、セバスティアヌスは同性愛の象徴のようにもなってきたが、恍惚とした表情は、本来は性的なものではなく、殉教の喜びを示したものである。しかも、セバスティアヌスは、矢を射られたことで、そのまま殉教したわけではない。矢を射させたのは専制君主制をはじめたディオクレティアヌス帝だが、セバスティアヌスは数日後にディオクレティアヌス帝と副帝のマクシミアヌス帝の前に現れる。セバスティアヌスが二人の皇帝を非難したので、棍棒《こんぼう》で長いこと打たれ、それで亡くなったのだった。

セバスティアヌスのことは、『黄金伝説』に記されているが、彼はもともとは皇帝配下の親衛隊の指揮官だった。彼は自分がキリスト教徒であることを隠していた。

ただ、『黄金伝説』で詳しく語られているのは、囚《とら》われの身になったマルクスとマルケリアヌスという双子の兄弟についてである。二人の両親は、なんとか自分の子どもの命を助けようと、キリスト教の信仰を捨てるよう説得にあたる。そこに、セバスティアヌスが現れ、両親に対して、いかに現世での暮らしが苦しく、悪魔に支配されているものであり、殉教に意義があるかを説く。それによってセバスティアヌスは、両親や兄弟を監禁していた家の夫婦などをキリスト教に改宗させ、また病を癒す。

そうしたこともあり、セバスティアヌスは、中世に猖獗《しょうけつ》を極めた黒死病から救ってくれる聖人として信仰の対象になる。イタリアで黒死病が流行したとき、セバスティアヌスの祭壇が設けられたことで、疫病は治まったとされたからだ。

11　シンプリキアヌスとファウスティヌス

シンプリキアヌスとファウスティヌスは兄弟である。二人の殉教については、『黄金伝説』にしか記されていないが、そこには妹のベアトリクスも登場する。彼女も殉教しているので、聖人となった。

３人が殉教したのは、ディオクレティアヌス帝の治世下であった。ディオクレティアヌス帝の時代は、キリスト教徒に対する「大迫害」が行われた。ディオクレティアヌス帝は２８４年に皇帝の座につくのだが、それから20年近くが経とうとしていた３０３年、迫害をはじめる。教会を兵士が襲い、会堂を破壊したり、聖書や典礼で使われる用具などを持ち去った。

なぜキリスト教徒は迫害されなければならなかったのか。通説では、キリスト教徒が皇帝崇拝を拒否したからだとされる。そうしたキリスト教徒がローマ帝国のなかで増加し、ディオクレティアヌス帝はそれを抑えようとしたというのだ。ただ、どれだけそれが徹底したものであったのか、キリスト教の側は迫害の厳しさを強調するが、地域によっても違いがあり、ディオクレティアヌス帝以降の皇帝になると、寛容令《かんようれい》（特定の宗教の信者を迫害しないよう君主が保証したもの）を出すこともあった。

ローマ帝国においては、ユダヤ教徒も迫害の対象になった。ユダヤ教徒の場合、自分たちが神によって選ばれた民族であることの証として割礼を行ってきた。それが嫌悪の対象になり、迫害を受けたというのだ。キリスト教は、この割礼を捨て、洗礼によって信仰を獲得する方向に転じた。

シンプリキアヌスとファウスティヌスは、ローマの神々にかたくなに供物《くもつ》を捧げなかったため、何度も拷問を受け、最後は死刑判決を受け、斬首された。遺体はティベリス川に捨てられ、それを引き上げ埋葬したのが二人の妹、ベアトリクスであった。ところが、ルクレティウスという長官が兄弟の土地に目をつけていて、彼女も絞殺してしまった。土地をまんまとせしめた長官が、宴を開き、殉教者たちを笑いものにすると、その席にいた乳《ち》飲《の》み子が、長官が3人を殺し土地を奪ったと叫び出した。それによって長官は悪霊にとりつかれて亡くなり、これを見た人々はキリスト教に改宗したという。

12 パンクラティウス

14歳で殺された少年の殉教者である。パンクラティウスのパンは「まったき」で、それに「好ましい」のグラトゥス、「すぐに」のシティウスが加えられ、若いときからすでにまったく好ましい人間であったことを意味する。

パンクラティウスは貴族の生まれだったが、両親は早くに亡くなってしまい、叔父《おじ》のもとで育てられる。莫大《ばくだい》な遺産が入ったことで、二人はローマに出るが、身を隠していた第21代のローマ教皇、コルネリウスにたまたま出会い、キリスト教に改宗する。コルネリウスも殉教し、聖人となっている。

パンクラティウスの人生のハイライトは、結局それが悲劇にも結びつくのだが、キリスト教を迫害したディオクレティアヌス帝との問答である。捕らえられたパンクラティウスはディオクレティアヌス帝の前に引き出され、キリスト教の信仰を捨てるように説得される。皇帝は、パンクラティウスの父に目をかけていたから、殺すのは忍びないというのだ。

ところが、パンクラティウスは皇帝にまっこうから反論する。自分は子どもだが、大人の分別を備えている。自分にはイエスがついているので、どんなことも恐ろしいとは感じない。その上で、ローマ帝国で信仰されている神々については、女ったらしで、実の姉や妹を犯し、両親をはずかしめている。そんなならず者の神を崇めるのは、恥ずかしいことではないかと、皇帝をやりこめてしまうのだ。

皇帝はこれに怒り、パンクラティウスの首を街道の路上ではねさせる。それは4世紀はじめのこととされるが、彼の遺体は元老院《げんろういん》議員の妻によってねんごろに葬られた。

皇帝に対するまっすぐな物言いから、パンクラティウスは、死後、宣誓の守護聖人と見なされるようになる。ある人間が、パンクラティウスの墓で偽りの誓いを立てようとすると、悪霊にとりつかれて気がふれ、いきなり地面に倒れて亡くなった。他にもそうした言い伝えが生まれた。

神や仏に誓うという行為は、どこの社会にも見られる。日本では、烏文字《からすもじ》が記された「熊野《くまの》牛《ご》王神符《おうしんぷ》」が起請文《きしようもん》（神仏に誓約することば）として用いられた。誓いを破ると、烏が一羽死に、本人も血を吐いて死ぬというのだ。こうしたことが東西を問わず、昔は強く信じられていたのである。

13 エウペミア

エウフェミアとも呼ばれる。『黄金伝説』では、彼女が殉教したのは280年頃のこととされるが、6世紀の終わりにガリアで著された『ヒエローニュムス殉教録』では、ディオクレティアヌス帝の大迫害が行われた303年のこととされる。

殉教者は、さまざまな形で殺されるが、それが残虐な方法であればあるほど、殉教者の価値を高めていく。エウペミアの場合には、3頭のライオンのいる穴に投げ込まれるという罰を受ける。その牙《きば》から逃れた者はなかった。

しかし、それで彼女は殉教したわけではない。ライオンたちは、エウペミアに身をすりよせ、尻尾《しっぽ》を巻いて、それを椅子《いす》の代わりにして、彼女を座らせようとした。亡くなるのは、刑吏《りいり》がその穴に入っていき、剣で彼女の脇腹を突き刺したからである。

彼女を裁いた裁判官は、刑吏に対する褒美として絹の衣服と黄金のベルトを穴に投げ入れるが、刑吏が穴から出ようとしたところ、一頭のライオンに襲われ、殺されてしまう。

裁判官も、自らの身を切り裂いて死んでいるところを発見される。彼女は神によって守られ、彼女をあやめようとする者は罰せられるのだ。

エウペミアは、元老院議員の娘とされるから、高貴な生まれである。彼女がどうやってキリスト教の信仰を得たかは『黄金伝説』でも語られていない。高貴な生まれの者まで改宗していたのだとすれば、注目されるところである。

エウペミアは、ディオクレティアヌス帝治世下でキリスト教徒が次々と拷問されるのを見て、公然と自らの信仰を告白する。ライオンの穴に入れられる前にも、牢獄に入れられ、さまざまな拷問を受けるが、そのたびに奇跡が起こり、彼女は命を救われる。天使たちによっても彼女は守られていた。

エウペミアは、ボスポラス海峡を隔ててコンスタンティノープルの対岸にあるカルケドンの生まれとされ、墓はそこに設けられ、墓の上には壮麗な教会堂が建てられた。そこでは４５１年にカルケドン公会議が開かれ、イエスには神性と人性をともに持つという「両性説」が採択されるが、その決定は、エウペミアによってなされたという伝承もある。

14 ルキア

「サンタ・ルチア」と言われれば、日本人なら誰もが知っている。音楽の教科書にも載るナポリの民謡である。

サンタ・ルチアとは、聖人ルキアのことである。ルキアは、ラテン語の光を意味することばから派生した。ルキアにかんしては、皿の上に両眼を載せている姿で描かれることがある。あまりに彼女の美貌を賞賛する者が多く、その注意をそらすためだったとも、拷問によってえぐられたからだとも伝えられるが、『黄金伝説』には、そうしたエピソードは出てこない。

『黄金伝説』では、いくつかのエピソードが語られている。一つは、長血《ながち》（子宮からの出血が長く続くこと）を患っていた母とともに聖アガタの墓に詣で、母が癒される話である。アガタは、拷問で乳房を切り取られ、その乳房を皿の上に載せた姿で描かれる。ルキアの両眼を皿に載せた姿は、その影響であろう。

もう一つのエピソードは、母の財産を、まだ母が生きている間に、貧しい人々に次々と施し、婚約者を怒らせたというものである。婚約者は、その施しが、より多くの財産を得るために行われたと誤解していた。そこで婚約者は、裁判官のもとに彼女を連れていき、神々に供物を捧げよという皇帝の命令に反していると訴える。

裁判官の前でルキアは、キリスト教の信仰を堂々と述べ、「さあ、はじめなさい、悪魔の息子よ、好きなようにどんな残虐な仕打ちでもしてごらんなさい」と挑発したので、裁判官は、女衒《ぜげん》たちを呼び出し、男たちに彼女の肉体をもてあそばせようとした。

ところが、彼女のからだは聖霊の恵みによっていきなり重くなり、びくとも動かない。１０００人の男たちに加勢させ、さらには牛まで動員するが、それでも動かない。最後は、のどに刀を突き刺されるが、それでも彼女は、マクシミアヌス帝が死に、ディオクレティアヌス帝が帝位を追われることを予言して殉教する。

彼女にちなむ「聖ルキア祭」は毎年12月13日に祝われるが、その慣習は北欧や南欧に広がっている。光の聖人であるということが、夜がきわめて長い北欧にやがて春が訪れることを示すにふさわしいと考えられたからだろう。

15 カテリナ

カテリナが殉教したのは4世紀はじめで、それはディオクレティアヌス帝による大迫害の数年後のことである。ここまで見てきた殉教者のなかでは、もっとも殉教の時期が遅い。そのせいなのだろうか、『黄金伝説』に記されている内容は、他の殉教者とは変化している。

カテリナは王の娘で、自由学芸の教育を受けた。彼女は、マクセンティウス帝に対して、キリスト教からすれば異教の神々を信仰することを止めるように進言するが、その際、「三段論法のさまざまな結論を駆使してあるときは寓意《ぐうい》的、比喩《ひゆ》的に、またあるときは弁証法《べんしょうはう》的、神秘論《しんぴろん》的に」議論を戦わせたという。彼女は、ソクラテスに代表されるギリシアの哲学者のようだ。

議論では彼女に勝てないと判断した皇帝は、文法学や雄弁術《ゆうべんじゅつ》の大家を50人呼び寄せ、彼女と論争させるが、カテリナは、ここでも学者たちをやりこめてしまう。少年の殉教者、パンクラティウスも雄弁だったが、カテリナには及ばない。果たして彼女が実在したのかどうか、その点ははっきりしないのだが、この時期になるとキリスト教徒のなかに相当に知的な人間が現れてきたことを象徴しているのかもしれない。

しかもカテリナは、論争相手の50人の学者たちを回心させただけではなく、マクセンティウス帝の皇后までキリスト教に改宗させてしまう。カテリナが拷問にかけられると、皇后は、それを止めさせようとして皇帝の怒りをかい、皇帝は皇后の乳房をえぐり取り、首をはねさせてしまう。学者や皇后といった身分の高い人間たちが次々と改宗していったところでも、時代の変化を感じさせる。それはやがてキリスト教が公認されることに結びつくのではないだろうか。

キリスト教に対する迫害によって多くの殉教者が生まれ、彼らは聖人として崇敬の対象になっていく。そのことは、その後のキリスト教の歴史の上で極めて重要な意味を持つ。聖人崇敬が、多くの人間たちのこころをとらえるようになるからである。殉教者は、イエスと同様に、信仰のために亡くなった。それは、キリスト教徒にとって信仰上の模範を得たことになるが、むしろ聖人はさまざまな奇跡を起こすことで、信仰を広めることに貢献していくのである。

16 ゲオルギウス

ゲオルギウスは大迫害の時代の殉教者で、カッパドキア出身の軍人であったとされる。ただ、その側面はさほど重要ではない。ゲオルギウスを有名にしているのは、その竜退治の物語である。英雄が竜を退治する話は日本のスサノオノミコトの八岐大蛇退治がそうだし、ギリシアの神話ではカドモスの物語がある。キリスト教の聖人でも、シルウェステル1世の伝説にはそれがあった。

ゲオルギウスの竜退治はスサノオノミコトとかなり似ている。『黄金伝説』によれば、ゲオルギウスは騎士で、リビアのシレナという街に立ち寄ったとき、住民たちは毒気《どっき》を吐く竜に苦しめられていた。毎年2頭の羊を犠牲として竜に与えていたのだが、羊が不足するようになると、羊1頭とくじによって一人の人間を竜に与えるようになった。

街の息子や娘は皆人身御供《ひとみごくう》になり、ついには王の一人娘がくじに当たった。王は、なんとか娘の命を守ろうと、代わりに土地や金銀を差し出すと住民たちに申し出たが、その願いはかなえられなかった。王は、娘との別れを惜しんだ後、王族の衣装を着せてやり、竜の住む湖に娘を送り出した。

　そこに馬で通りかかったのがゲオルギウスで、王女を助けることになる。竜めがけて馬を走らせ、十字を切ると、長い槍を振り回し、それを竜に突き立てた。王女には、腰帯をほどいて竜の首に投げかけるよう指示する。王女がその通りにすると、竜は子犬のようにおとなしくなって、王女の後をついてきた。

　ゲオルギウスは、これは神のおかげだとし、洗礼を受けるよう指示すると、真っ先に王が洗礼を受け、すべての住民もそれに続いた。ゲオルギウスは竜を殺し、住民たちはその死骸を八頭の牛に引かせ、街の外へ運び出した。王が教会を建てると、祭壇からは水が湧き出し、その水を飲むと病人たちはたちまち健康になったという。

　ゲオルギウスの聖遺物は6世紀にはフランスで崇敬されており、フランク王国のメロヴィング朝はゲオルギウスを祖とした。十字軍の時代には騎士の守護聖人となり、イタリアのジェノバ共和国では、銀行の守護者ともなった。イギリス最高の勲章《くんしょう》であるガーター勲章も、ゲオルギウスに由来する。

第5部　キリスト教公認から教義の確立まで

宗教は、開祖の教えをもとに、そこにさまざまな重要人物が現れ、教えを刷新していく。教えの拡大は、それを信奉する新たな信者を生み出し、信者によって構成される集団を広げていくことに貢献する。それに失敗した宗教は、どこかの時点で壁にぶつかり、衰退の方向へむかう。キリスト教は、イスラム教や仏教の場合もそうだが、壁を乗り越えることに成功した宗教である。いかにしてキリスト教は壁を乗り越えていったのか、その点に注目することで、キリスト教の歴史はより鮮明なものになってくるはずである。

キリスト教が大きく発展するのは、ローマ帝国によって公認され、国教の扱いを受けるようになってからだ。ここには、今日でも大きな問題となる政治と宗教、権力と宗教の問題が深くからんでいる。

キリスト教の特徴は、聖なる世界と俗なる世界を区別するところにある。それは、マタイによる福音書にある、イエスのことば、「皇帝のものは皇帝に、神のものは神に返しなさい」に示されている。皇帝はカエサルとも呼ばれる。

ユダヤ教は、福音書に示されているように律法を重視する宗教で、「ハラハー」と呼ばれる宗教法がそのまま世俗の世界を律してきた。それに対して、キリスト教では、固有の宗教法が生まれず、世俗の事柄は、ローマ帝国ではローマ法に任された。その伝統が、その後のキリスト教に受け継がれていく。世俗の世界から離れた聖職者が誕生したのも、聖俗の分離があったからで、聖職者は、宗教活動に専念する。それによって、イエスの教えである福音をのべ伝える宣教活動が促進されるとともに、教義の研究に専念する教父や修道士を生んだ。

キリスト教の教義は、イエスが説いたものそのものではない。もっとも重要なのは三位一体説であり、原罪の教義だが、どちらもイエスは説いていない。原罪の教義の形成にはアウグスティヌスが大きくかかわった。パウロもキリスト教を変えたが、それに影響を受けたアウグスティヌスも、キリスト教世界の形成に決定的な影響を与えた。聖人のなかには、教義形成の面で貢献した者たちも含まれるのである。

1　コンスタンティヌス1世

キリスト教がローマ帝国のなかで拡大していくにあたって、３１３年に出された「ミラノ勅令《ちょくれい》」は決定的な契機になった。というのも、この勅令では「キリスト者およびすべての者らに、何であれその望む宗教に従う自由な権限を与える」（松本宣郎編『キリスト教の歴史1』山川出版社）とされたからである。

多くの殉教者を出したディオクレティアヌス帝による大迫害は３０３年のことだった。それからわずか10年で、ローマ帝国のキリスト教の扱い方は大転換をとげたことになる。そのため、もう一人の皇帝リキニウスとともに「ミラノ勅令」を出したコンスタンティヌス1世は、キリスト教の聖人となっている。コンスタンティヌス帝は、亡くなる直前に洗礼を受け、キリスト教式の葬儀によって葬られている。

ローマ帝国においては、最初の皇帝であるアウグストゥスの時代から「皇帝崇拝」が行われてきた。君主を崇拝対象にするのはそもそもペルシアの伝統で、アレクサンドロス大王の場合にも、それを取り入れている。ローマでは、皇帝を神として崇め、そのための儀礼を行う施設が作られていった。それによって、版図を広げた帝国の統治を円滑なものにしようとしたわけである。

ただ、皇帝は人間であり、交代も頻繁に起こる。それに、ローマ帝国の皇帝は一人ではなく、複数の人間が地域を異にして同時に皇帝に即位することも珍しくなかった。その点では、キリスト教がユダヤ教から受け継いだ一神教の方が、広大な帝国を統治するには都合がいい。そのように判断されたのであろう。そこにはもちろん、キリスト教が信者を増やしてきたことが影響していた。しかも、第４部で見たように、キリスト教徒は殉教を望み、それによって多くの聖人が生み出されていたのである。

コンスタンティヌス帝が、キリスト教を帝国統治のために利用しようとした点は、３２５年にニカイア公会議を主宰したところにも現れている。通常、公会議（正教では全地《ぜんち》公《こう》会《かい》）はローマ教皇が主宰する。さらに、３３０年には、帝国の首都をローマからコンスタンティノポリス（コンスタンティノープル）に移している。そこは、やがてビザンツ帝国（東ローマ帝国）の首都として長く繁栄を享受していく。

2 シルウェステル1世

シルウェステル1世は、キリスト教を公認したコンスタンティヌス1世に洗礼を施した第33代のローマ教皇とされ、キリスト教美術では、シルウェステルがコンスタンティヌス帝に洗礼を施す場面が描かれたりもしてきた。

しかし、これは今日では伝説であるとされている。そもそもシルウェステル1世の生涯は伝説に満ちている。たとえば、コンスタンティヌス帝がシルウェステル1世に対してローマとローマ帝国西部の権限を譲渡したとする「コンスタンティヌスの寄贈《きぞう》（寄進《きしん》状）」という文書が伝わっているが、8世紀以降に偽造されたものである。ただ、長く本物とされ、偽造の疑いがかけられるようになっても議論が続いた。教会の側にとっては、ローマ教皇の支配権が広範な地域に及ぶことを保証するものだからである。

シルウェステル1世については、『黄金伝説』に詳しく述べられている。そこに記された伝説は主に三つに分けられる。

一つは、ハンセン病にかかったコンスタンティヌス帝を癒す話である。帝は、彼に仕える神官から、３０００人の子どもたちを殺し、その血で湯あみすると病が治ると進言される。さすがに皇帝は、母親たちの悲しみに同情し、子どもたちを殺さなかった。すると、夢にペトロとパウロが現れ、シルウェステル1世のもとに赴けば病を癒してくれると伝える。それに従うと病は癒えたため、皇帝は教会の建立《こんりゅう》に尽力する。

もう一つは、コンスタンティヌス帝の母ヘレナにかんするもので、彼女は息子がキリスト教の発展のために努力していると聞くと、ユダヤ教の神を信仰するようにと抗議し、ユダヤ教の学者たちを連れてきて、シルウェステル1世と議論させた。ユダヤ教の学者たちは、キリスト教の教義を批判するが、シルウェステル1世はそれをことごとく退ける。

最後は、毎日３００人以上の人間をその毒気によって殺している、洞窟に住む竜の口を縛り、十字架を刻んだ印章で封印してしまう話である。竜を退治する話は、キリスト教の伝説のなかにさまざまな形で登場する。日本神話にも、スサノオノミコトが八岐大蛇を退治する物語がある。キリスト教において、竜は悪魔の化身とされ、それを退治することは、キリスト教の信仰が異教の信仰に勝利した証と見なされたのである。

3 ヘレナ

ヘレナは、コンスタンティヌス1世の母である。皇帝の父はコンスタンティウス・クロルスという将軍で、クラウディウス・ゴティクス帝につらなるとされるが、コンスタンティヌス帝は貴族ですらなく、農民から成り上がったとも言われる。したがって、彼女自身も卑《いや》しい生まれであると考えられる。ローマ帝国の皇帝は代々世襲ではない。

ヘレナが、シルウェステル教皇の物語に登場することについてはすでに見たが、それはまったくの架《か》空《くう》の話である。となると、彼女が聖人となる理由はないようにも思えるが、彼女と重要な聖遺物とのかかわりを示す伝説が語り継がれ、そのことから聖人と見なされるようになったのだ。

ヘレナは、３１３年頃にキリスト教に改宗し、３２０年にはイエスが磔刑《たっけい》になったゴルゴタを訪れた。ゴルゴタは、キリスト教にとっては最重要の聖地だが、荒れ果てていた。ヘレナは、コンスタンティヌス帝の依頼を受けて、その地を訪れた。そして、イエスが磔刑になった際に使われた十字架の破片とともに、イエスのからだに打ちつけられた釘を発見した。発見した日は9月14日のこととされる。

イエスが死んだかどうかをたしかめるために、そのからだに突き刺された聖槍については、第1部のロンギヌスの項目でふれたが、ヘレナはそれも発見したとされる。

「マタイ」には、イエスが誕生したことを知って、そのもとを訪れる東方《とうほう》の占星術の学者たちが登場するが、その遺骸を発見してコンスタンティノープルに運んだのもヘレナで、彼女は、ミラノの司教であるエウストルギウスに懇願されてこれを寄贈している。

『黄金伝説』では、「主の降誕《こうたん》」の節で、ペトルス・コメストルが1170年頃に著した『聖書物語』には、マリアがイエスを産むときに用いた飼い葉桶のまぐさも、ヘレナがローマに持ち帰ったと述べられている。

後に列聖されるフランスの国王ルイ9世は、こうした聖遺物の一部を、十字軍がエルサレムに樹立したラテン帝国の皇帝から大枚をはたいて買い求め、パリのシテ島に、それを祀る教会堂、サント・シャペルを建てた。ルイ9世が列聖されたのもその功績からだが、聖遺物の方は、現在ではノートルダム大聖堂に移されている。

4　パウロス

パウロスは、キリスト教における最初の隠修士とされる。隠修士とは砂漠などで孤独な修道生活を送る人間のことを言う。同じくキリスト教初期の時代の隠修士にはアントニオスがいる。伝説で語られるパウロスとアントニオスとの物語は、まるで道教の仙人《せんにん》たちの交わりのように淡く、水墨画に描かれても不思議はない。

アントニオスについては、４世紀の神学者アタナシウスがその伝記『アントニオス伝』をまとめているが、やはり神学者のヒエロニムスがその影響で『パウロス伝』を記している。ヒエロニムスは、パウロスは、デキウス帝による迫害を逃れて、砂漠の奥に隠れ住み、洞窟で60年間にわたって人に知られることなく暮らしたと述べている。

デキウス帝が在位したのは２５０年前後のことで、２２８年にテーバイで生まれたパウロスは、キリスト教が公認されてからかなり経った３４２年頃に亡くなったとされるので、１００歳を超える長寿だった。パウロスが生きた時代には、キリスト教に対する迫害が続いていたわけで、多くの殉教者も出た。彼らは、むしろ殉教を望んだところがあったわけだが、迫害を逃れ、隠れ住んだというパウロスの生き方は、殉教者とは対照的である。それでも最初の隠修士ということで聖人に列せられている。

　伝説では、アントニオスの方が、自分こそが最初の隠修士であると考えていた。ところが、夢のなかで、もっとりっぱな隠修士がいることを知り、探しに出かける。その途中では、半人半馬《はんじんはんば》の動物（ケンタウロス）や、上半身は人間で下半身は山羊の姿をした動物に出会い、最後は狼に案内されてパウロスの洞窟にやってくる。

　パウロスの方は、そのことを心眼《しんがん》で知っていて、戸にかんぬきをかけていた。ところが、アントニオスが、「このまま立ち去るぐらいなら、死んだほうがましです」と言うものだから、戸を開けてしまう。すると二人はたちまち抱擁《ほうよう》する。烏がいつもの倍のパンを運んでくると、二人はどちらもそれを自分の方から割るのは相手に失礼だと躊躇《ちゅうちょ》するが、一緒に手を添えるとパンは自然にまっぷたつに割れた。パウロスのもとを辞したアントニオスは、帰りがけにパウロスの魂が天国に導かれるのを見て戻ると、パウロスは立って祈る姿のまま亡くなっていた。すると二頭のライオンが現れ、埋葬のための穴を掘ってくれたという。

5 ニコラウス

ニコラウスはヴァレンティヌスに匹敵するほどよく知られた聖人である。なにしろ、クリスマスに子どもたちのところにプレゼントを持ってやってくるサンタクロースのモデルだからである。

実際のニコラウスは、小アジア、アナトリア半島南西部にあるミラという街の司教であったとされる。ミラには、ニコラウスに捧げられた聖堂があり、そこに安置されたニコラウスの聖遺物は数々の奇跡を起こした。その地には正教会の信仰が広がったため、聖遺物というより不朽体（聖人の遺体）と言った方がいいだろう。

ニコラウスの事績については、『黄金伝説』に記されており、そこではさまざまなエピソードが示されている。生まれは小アジアのパトラスという街で、両親は富裕な貴族だったが、信心深く、若くしてニコラウスを授かってからは、情欲《じょうよく》をつつしんだという。

ニコラウスは、生まれながらにして特別で、生まれた日に産湯《うぶゆ》をつかわせようとすると、たらいのなかにすっくと立ったという。まるで釈迦だ。水曜日と金曜日はキリスト教徒が断食をする日だが、その日にニコラウスは母親の乳房を一度しか吸わなかったともいう。

こちらがニコラウスをサンタクロースに変貌させたエピソードになるが、貧しい隣人が3人の娘に売春をさせようとしていると聞くと、ニコラウスは金塊《きんかい》を布に包んで、隣の家に投げ込んだ。それは3度に及び、売春を止めさせることができた。こうした伝承が、後に子どもたちにプレゼントを配るサンタクロースを生むことになる。

ミラで司教になったのは、司教不在の教会に乞《こ》われてのことで、『黄金伝説』では、最初のニカイア公会議にも参加したとされる。だが、参加者名簿には載っていないようだ。他の伝承では、この公会議で異端とされたアリウスを殴り、一時破門されたとされる。

『黄金伝説』で語られた他の伝承は、弱き者を助けるというものが多く、水戸《みと》黄門《こうもん》のようでもある。亡くなった後も、数々の奇跡を起こすが、ユダヤ人を助け、それによってユダヤ人をキリスト教徒に改宗させる話が含まれている。ニコラウスが司教であった時代に、ローマ帝国による迫害が終わり、キリスト教がローマ帝国のなかで勢力を拡大していっただけに、異教徒を改宗させるエピソードが語られるようになったのであろう。

6 大アントニオス

大アントニオスは、キリスト教美術、さらには、現代美術を発展させる上で大きな役割を果たした。というのも、「聖アントニオスの誘惑」というテーマは、ヒエロニムス・ボスやサルバドール・ダリなどによって描かれ、どれもおぞましくシュールな作品に仕上がっているからである。

『黄金伝説』には、大アントニオスがたびたび悪魔によって誘惑される話が出てくる。一神教の世界では、すべては善なる神によって創造されたものであり、本来悪は存在しないはずである。ところが、現実の世界にはいくらでも悪が存在し、人々を苦しめている。悪が生まれた原因をどこに求めるのか。これはキリスト教が直面した難題でもあるのだが、そこから悪の源としての悪魔の存在がクローズアップされることになる。

福音書には、イエスが悪魔によって誘惑される話が出てくる。そうした誘惑を退けることによって、イエスは宣教活動を開始する。大アントニオスは隠修士となり、修道院をはじめた人物とされるが、修道士が目標とするイエスのあり方に近づくには、まずは悪魔の誘惑を退けることが求められるのである。

「聖アントニオスの誘惑」に描かれるのは、大アントニオスが墓穴《はかあな》で悪霊の大群に襲われる場面である。そのとき、悪霊にさんざん殴られたため、大アントニオスの下男《げなん》はてっきり死んだと思い、墓穴から連れ戻す。だが、大アントニオスは死んだわけではなく、下男にもう一度墓穴へ担いでいってほしいと願う。そして、墓穴に悪霊を呼び出すのだが、悪霊たちは身の毛もよだつような姿をした動物となり、さんざんに大アントニオスを痛めつける。

ところが、そのときに明るい光がさし、悪霊を一掃してしまう。そこにはイエスが臨在《りんざい》していて、大アントニオスの戦いぶりを試したのだと答える。

その後の大アントニオスは、周囲の人間たちに、「食事とことばとに節度を守りなさい」とか、「残されているただひとつの戦いは、自分のこころとの戦いです」などと、まるで儒教の創始者、孔子のような道徳を穏やかに説いた。そして、１０５歳の長寿をまっとうしたとされるのである。

7 ヒラリウス

キリスト教の教えは、福音書においてイエスが説いたものに遡る。だが、イエスは若くして亡くなっており、その分、その教えには体系性が欠けている。そのため、イエスが亡くなった後、さまざまな人間が現れ、教えの体系化を進めていった。それによって、キリスト教の中心的な教義とされる「三位一体説」が生み出されていくことになる。

しかし、三位一体説が正統的な教義として簡単に確立されたわけではない。三位一体説に最初に言及したのはクレメンス1世であるとされ、その手紙では、神とキリスト、そして聖霊に言及されている。

その後、教父たちが三位一体説を教義として確立していくことに貢献するが、なかにはそれを認めない司教も現れ、それがアタナシオス派とアリウス派の対立に発展していくことになる。アタナシオスもアリウスもアレクサンドリアの司教だった。三位一体説では、神とイエスと聖霊は同格とされるが、アリウス派では、イエスをあくまで被《ひ》造物《ぞうぶつ》（神によって創造されたもの）ととらえ、神に従属するものとした。
ヒラリウスは、フランスのポアチエの司教で、アリウス派に反駁《はんばく》し、そこから「西方《さいほう》のアタナシオス」とも呼ばれた。『三位一体論』という著作も著しているが、ローマ帝国のコンスタンティヌス2世が、アリウス派を支持したため、一時、アナトリアのフリギアに流されていた。

一方、『黄金伝説』では、ヒラリウスにまつわるさまざまな伝説が語られている。洗礼を受けずに亡くなった子どもを祈りによって蘇らせたという話もあるが、司教になる前には結婚していて、娘もいたという話もある。ヒラリウスは、娘に童貞《どうてい》をまっとうすることの尊さを説き、娘もそれを納得した。だが、ヒラリウスは、娘が意志をひるがえすかもしれないと恐れ、神にそのもとに召《め》してほしいと祈った。娘はその願いの通り、数日後に亡くなり、母親の方も同じことを求め、やはり天国に先立った。

これは、キリスト教がいかに純潔を重んじたかを示すものだが、その後に語られる異端的なレオ教皇を死に至らしめた物語は、『黄金伝説』でさえ疑問視するものであり、ヒラリウスの娘と妻が天に召される話も、実際の出来事とはとても思えない。

8 アタナシオス

三位一体説が確立されるまで、キリスト教の世界ではかなりの時間がかかり、また激しい論争が展開されることにもなったのだが、そこには、今日でも重要な政治と宗教との問題が深くかかわっていた。教義の決定はキリスト教会にすべて任されるわけではなく、そこにローマ皇帝の意向も反映されたからである。

三位一体説をとらないアリウス派の主張が退けられるのは、３２５年の第1回ニカイア公会議においてだった。この会議を主宰したのは、キリスト教を公認したコンスタンティヌス1世であった。皇帝自身は、会議には加わらなかったが、公会議を主宰したのはキリスト教会が教義をめぐって分裂している事態を憂慮《ゆうりょ》してのことだった。

コンスタンティヌス帝は、アリウス派を支持していたが、アレクサンドリアの主教だったアレクサンドロスと、それを支えたアタナシオスの尽力によって、アリウス派を異端とするニカイア信条が制定された。ニカイア信条では、イエスは父から独り子として生まれ、父の本質より生まれた「同質」であるとされた。同質と相似《そうじ》のどちらを採用するかでも議論が戦わされた。

しかし、これでアリウス派があきらめたわけではない。彼らは結束し、皇帝に近づき、アリウス派への支持をとりつける。そのため、アタナシオスは、アリウス派への暴力などで告発され、追放されることになる。

コンスタンティヌス帝の死後、東方を支配したコンスタンティウス2世もアリウス派を支持し、アタナシオスを支持した西方の皇帝コンスタンスが殺されると、西方にもその信仰を広げようとした。これで、一旦は戻されていたアタナシオスはふたたび追放された。

ローマ帝国の東方では、アリウスが亡くなった後も、アリウス派が支配的であったが、第1回コンスタンティノープル公会議では、ニカイア信条が修正を経て再確認される。それでもアタナシオスはその後3度追放されている。アタナシオスは、追放されている間に大アントニオスと交わりを持ち、その伝記を書いている。

アタナシオスは、救いをもたらすことができるのは神だけであるとし、アリウス派の主張は神の他にイエスを救世主とするもので多神教に行き着くと批判したのだった。

9 エフレム

聖人はキリスト教のさまざまな派において崇敬の対象になっているが、なかにはとくに正教会において篤い崇敬を受けている聖人がいる。その一人がエフレムであり、その伝記は、19世紀の終わりにロシアで刊行された『諸聖略伝《しょせいりゃくでん》　二《に》月《がつ》』に記されている。二月とあるのは聖人が特定の日と結びつけられているからで、日本の正教会ではエフレムのことを、「シリアの克肖者《こくしょうしゃ》聖エフレム」と呼んでいる。克肖者は、正教会における聖人の称号の一つである。

『諸聖略伝　二月』によれば、エフレムはシリアとトルコの国境にあるニシビスというところで生まれた。エフレムの父親は異教徒の司祭であったとされるが、エフレムが生きた4世紀の段階では、その地方にはキリスト教やユダヤ教だけではなく、多神教も広く信じられていた。

エフレムは無実の罪で投獄されるが、獄中で神の声を聞いて悔い改める。釈放された後には隠遁者《いんとんしゃ》となり、ニシビスの司教であったヤコブのもとで信仰について教えられる。そして、助祭に叙階されるが、それからは、賛美歌を作曲し、聖書の解説を書き始めるようになる。エフレムが作曲した賛美歌は４００を超えるものが残されている。

正教会には、40日間続く大斎《たいさい》という禁食《きんしょく》の期間があるが、そこでは、「シリアの聖エフレムの祝文」という祈禱文が唱えられる。どの宗教においても、神や仏を讃える歌は重要な役割を果たしているが、正教会の典礼は、その壮麗さにおいて際立っており、賛美歌はそれに貢献している。エフレムの作った賛美歌のなかには、異端の勢力に対して警告するようなものも含まれる。

異端との対決は、賛美歌にとどまらず、エフレムの著作活動における重要な課題であり、マニ教の創始者マニや、キリスト教の異端とされたグノーシス主義の思想家に対して反駁する書物も著している。

エフレムは立ち寄ったカッパドキアの都市、カイサリアで、バシレイオスから司教に叙階されそうになるが、亡くなるまで輔祭職《ほさいしょく》（正教会において主教・司祭を補佐する）にとどまった。それも、隠遁者として暮らすことを願っていたからである。

10 バシレイオス

キリスト教が勢力を拡大していく上で、修道院の果たした役割は大きい。さまざまな修道会が生まれ、修道士たちはそこで清貧の生活を実践しながら、祈りの日々を送った。在《ざい》俗《ぞく》の信徒、とくに富裕な人々から土地などを寄進され、豊かになることで堕落した修道院もあったが、そのたびに、当初の目的に戻ろうとする新たな修道院が生まれていった。

最初、イエスにならって清貧の生活を送ろうとする人々は、隠修士となり、荒野に出て個人で修道生活を送った。やがて彼らは共同で生活するようになり、それによって修道院が生まれる。そうした共住修道制の祖となるのがエジプトのパコミウスだが、それに続いたのがカッパドキアの三教父《さんきょうふ》、カイサリアのバシレイオス、ナジアンゾスのグレゴリオス、そしてバシレイオスの弟、ニュッサのグレゴリオスであった。

バシレイオスに対する崇敬はとくに正教会で盛んで、正教会では「我が聖神父カッパドキヤのケサリヤの大主教大ワシリイ」と呼ばれる。バシレイオスは、修道修行の原則を

『修道士大規定』として定めたが、孤独に徹するのではなく、修道士が互いに交わりを持ち、相互に依存しあう共住を勧めた。さらに、バシレイオスの創始した修道院は、孤児院や学校の機能をもち社会性を示していた。今日でも、正教会の修道院においては、バシレイオスの定めた規定が強い影響力を持っている。

『黄金伝説』では、ローマ帝国のウァレンス帝がアリウス派に傾いたのを、バシレイオスが諫《いさ》める話が出てくるが、異端に対して反駁する書物を著したことでも知られる。さらに、正教会の典礼には「聖大ワシリイ聖体礼儀」が含まれる。これは「主の割礼祭」や「主の降誕祭（クリスマス）」の前日など、年間10回にわたって営まれる。この聖体礼儀はバシレイオス自身が定めたものからは変化しているようだが、この点でも、正教会では極めて重要な聖人となっている。

　したがって、バシレイオスは、ナジアンゾスのグレゴリオス、さらにはヨハネ・クリュソストモスとともに、正教会では「三成聖者《さんせいせいじゃ》」と定められており、その姿は、東京・お茶の水のニコライ堂のステンドグラスに描かれている。

11 ナジアンゾスのグレゴリオス

これは帝国全体に言えることだが、帝国が版図を広げていくと、一人の皇帝では全体を統治できなくなり、複数の皇帝が並立する状況が生まれる。ローマ帝国では、まさにそうした事態が起こるのだが、それはやがてローマ帝国の東西分裂に結びついていった。それは395年のことになるが、その直前、392年にキリスト教はローマ帝国の国教になっていた。帝国の分裂は、教会の分裂にも結びつき、やがて東の正教会と西のカトリック教会に分化していくことになる。元は一つだが、東西の教会はそのあり方や性格を変化させていき、時間の経過とともに、その違いはより大きくなった。

ナジアンゾスのグレゴリオスは、カトリック教会においても聖人と認められてはいるが、崇敬が盛んなのは正教会においてで、「神学者グレゴリイ」と呼ばれる。正教会で神学者と呼ばれるのは、グレゴリオスの他には、福音記者のヨハネ、バシレイオス、そして、10世紀から11世紀にかけての「新神学者シメオン」だけである。

グレゴリオスの立場は、三位一体説を奉じ、アリウス派を排除するニカイア信条に従うというもので、３７９年頃には首都となったコンスタンティノープルに招かれ、自らの立場を明確にした「神学講話《しんがくこうわ》」を行っている。３８１年の第1回コンスタンティノープル公会議では、コンスタンティノープル司教に選出され、アリウス派を排斥《はいせき》し、ニカイア信条にもとづく信条を決議させることに貢献した。

ただ、コンスタンティノープル司教はテオドシオス帝によって任命されたもので、公会議の一部の議員からその選出方法に疑義が唱えられ、会期中に司教を辞し、故郷のナジアンゾスに戻っている。その後は、祈りの生活に入る。グレゴリオスは、若い頃、アテナイで修辞学《しゅうじがく》を学んでいたときにバシレイオスと出会い、以降盟友となるが、その修道生活はバシレイオスが実践した共住の方向にはむかわなかった。むしろ孤独な隠修士のあり方に近く、瞑想《めいそう》のなかで人間の霊性を極め、その神化を実現していくものであった。そして、多くの詩を作り、『自伝』も著している。

こうした修道の生活は、ギリシア北部の聖山アトスの修道院で営まれる、人間神化の行法「ヘシュカズム」に受け継がれていくことになる。

12 ニュッサのグレゴリオス

バシレイオス、ナジアンゾスのグレゴリオス、そしてニュッサのグレゴリオスは、カッパドキアの三教父として、正教会においては極めて重要な存在と位置づけられているが、彼らに大きな影響を与えたのが、古代最大の神学者と言われるオリゲネスである。

オリゲネスは、ローマ帝国のデキウス帝による迫害で殉教している。にもかかわらず、聖人とは認められていない。それは、死後300年が経った時点で異端宣告を受けたからである。したがって、著作の多くが失われた。それも、プラトン主義やグノーシス主義といったギリシアの哲学思想をかなり大胆にキリスト教神学に取り入れたからである。

キリスト教は一神教の伝統のなかにある点で「ヘブライズム（ユダヤ教文化）」である。それに対して、ギリシア哲学は「ヘレニズム（ギリシア文化）」である。ヘレニズムは本来多神教であり、そこではぐくまれた哲学は、唯一絶対の創造神を想定していない。しかし、キリスト教が神学を発展させていく上では、どうしても論理性にすぐれたギリシア哲学を取り入れなければならなかった。そこにキリスト教神学を貫く矛盾があった。

カッパドキアの三教父は、オリゲネスの影響を受けたわけだが、ニュッサのグレゴリオスは、はじめ修辞学の教師となった。修辞学はギリシアで発達したものである。教師であった時代、グレゴリオスは結婚していた。それでも友人であったナジアンゾスのグレゴリオスの影響で修道生活に入る。そして、兄のバシレイオスの要請でアナトリア半島中央のニュッサの主教となった。それでも妻と別れたわけではなく、妻は夫を補佐したという。公然と結婚していた聖人は珍しい。

３８１年の第１回コンスタンティノープル公会議では、アリウス派に反駁するとともに、三位一体説の確立に貢献する。三位一体説について、グレゴリオスは、神に複数の意志は存在しないという観点を採用した。その一なる意志が三位《さんみ》格《かく》という多様な働きを原因づけるというのだ（土橋茂樹《つちはししげき》「東方教父の伝統」伊藤邦武《いとうくにたけ》ほか編『世界哲学史２』ちくま新書）。

グレゴリオスとバシレイオスには、マクリナという姉がいて、彼女も聖人となっているのだが、グレゴリオスはその伝記『聖マクリナの生涯』を書いている。マクリナが女性修道会の原型となるような活動を展開したことが、そこにつづられている。

13 アンブロジウス

東方の正教会は、ギリシア語の世界である。一方、西方のカトリック教会は、ラテン語の世界である。たんに使われる言語が異なるだけではなく、教えの内容や典礼のやり方は、時代を経るにつれて少しずつ変化し、異なるものになっていった。

カッパドキアの三教父や三成聖者は正教会における神学者ということになるが、そうした人々の教えを学び、それを西方に伝えたのがアンブロジウスであった。それも、彼がギリシア語に通じていたからである。そして、アンブロジウスは、アウグスティヌスに洗礼を施し、思想的に大きな影響を与えた。アンブロジウスとアウグスティヌス、そしてヒエロニムスとグレゴリウス1世は「四大ラテン教父」とされる。

アンブロジウスの伝記については、『黄金伝説』に記されているが、事実とは思えない事柄が少なくなく、どこまで信じていいかが分からない。翻訳の注では、地方長官の息子として現在のドイツのトリーアに生まれ、ローマで政治家としての教育を受け、執政官の道を歩んだものの、洗礼を受けていない志願者の身でありながらミラノ司教に推挙《すいきょ》されたとある。本文中では、司教に選ばれないよう、暴力を振るったり、娼婦を公然と家に連れ込んだりしたにもかかわらず、民衆には強く支持され、無理に洗礼を受けさせられ、司教職の座につくこととなったとされる。司教としての業績は、ニカイア信条に従い、アリウス派などの異端と戦ったことにあり、その点で、カッパドキアの三教父に通じる。

　重要なのは、アンブロジウスがどのような形でアウグスティヌスに影響を与えたかである。ラテン教父の世界では、善悪ということがとくに大きな問題になった。世界は神によって創造されたものであり、ならば悪は存在しないはずである。しかし、現実に悪は存在する。

　アンブロジウスは、悪の原因を人間の意志に求めた。悪は実在するものではなく、自然の善性から逸脱した偶然の産物で、人間が悪をなすのは、自らの意志にもとづくものだというのだ。贅沢にふけるのも、肉欲に溺れるのも、「自分次第」だという。アウグスティヌスは、この点をさらに深めていくことになる（出《で》村《むら》和彦《かずひこ》「ラテン教父とアウグスティヌス」『世界哲学史2』）。

14 ヨハネ・クリュソストモス

ヨハネ・クリュソストモスは、正教会における「三成聖者」の一人である。正教会では、「金口《きんこう》イオアン」と呼ばれる。金口とは、名説教家だったからである。

ただ、『黄金伝説』を見ると、彼が相当に口が悪かったことが分かる。清廉潔白《せいれんけっぱく》で、温厚とはほど遠く激烈で、「いったん口を開くと、知らない人には居丈高《いたけだか》と誤解されるほど雄弁であった。説教に秀《ひい》で、解釈の鋭さも抜群であった」という。さらには、道義《どうぎ》や風紀の厳格な番人であり、要は厳格な原理主義者だった。コンスタンティノープルの司教に叙階されると、一挙に改革を推し進めようとして、周囲の反感をかった。そこには、ヨハネの生まれが影響していたことだろう。彼の父親はローマ帝国の将軍だった。

原理主義者として異端には厳しく、アリウス派に便宜《べんぎ》をはかろうとした皇帝に対しても食ってかかっている。当時は、アリウス派が相当な勢力を誇っており、正統派との間で抗争をくり返していた。その際、アリウス派の人間が残虐非道な戦法を使って全土を席捲するに至るのだが、調停のために皇帝に特使として派遣されたヨハネは、過去の敵対関係を忘れ去った。敵はそれに感服し、ヨハネを迎えると、その手をとって眼におしあて、息子たちにもヨハネの膝に接吻するよう申し渡す。このいさぎよさも、軍人の血が流れているからだ。

『諸聖略伝　十一月』では、ヨハネの流刑のことが語られている。ヨハネが説教において、東ローマ帝国のアルカディウスの皇后を批判しているという声が上がった。ヨハネは皇后を名指ししたわけではないが、金持ちの女性の奢侈《しゃし》を戒めたからだ。ヨハネには敵が多かったわけで、これで告発され、何度も捕縛《ほばく》と釈放がくり返された。最終的にカッパドキアのククススに流刑になる。

ただローマ教皇のインノケンティウス1世は、この処置に怒り、ヨハネが戻るまで、コンスタンティノープル司教の後任を選んではならないと命じた。しかし、長旅で疲れたヨハネは、道中で亡くなってしまう。その不朽体はコンスタンティノープルに戻された。

ヨハネは、バシレイオスの聖体礼儀を簡略化したことで知られ、それは、「金口イオアンの聖体礼儀」と呼ばれる。ただ、ヨハネの影響は、西方教会にも及んでおり、その講話や書簡、論考は西方の修道院で読み継がれた。

15 ヒエロニムス

ヒエロニムスは、四大ラテン教父の一人である。現在のクロアチアのキリスト教徒の家に生まれ、若くしてローマへ出て、文法、修辞学、哲学をおさめた。最初はキリスト教の信仰に関心を持たず、ギリシア語、ヘブライ語、ラテン語を学ぶことに勤しんだ。この語学の修練が、やがて彼の存在をキリスト教の歴史に燦然《さんぜん》と輝かせることにつながる。

『黄金伝説』には、ヒエロニムスがキリスト教の信仰に目ざめたときのエピソードが綴られている。高熱を出したとき、神のもとへ連れていかれ、ローマの哲学者キケロを信奉していることを糾弾され、それからはキリスト教の書物をもっぱら読むようになる。

受洗後は修道生活をはじめ、各地を巡礼するが、隠修士たちが相争うのに嫌気がさし、コンスタンティノープルへ出る。そこで、ナジアンゾスのグレゴリオスの聖書講義を聞き、一時はオリゲネスに傾倒する。ローマ教皇のダマスス1世に仕えたものの、貴族や聖職者の堕落を厳しく糾弾したことで、多くの敵をつくり、ローマを去ることになる。

その後、キリストが生まれたベツレヘムに居をかまえ、男女の修道院を創設したりするが、何より、ヒエロニムスの大きな業績は、オリゲネスを中心としたギリシア教父の著作を翻訳、紹介するとともに、聖書をヘブライ語やアラム語からラテン語に全訳したことにある。これが、普及版を意味する「ウルガータ聖書」である。それまで、ギリシア語から訳されたものはあったが、原典からの翻訳は初めてだった。15世紀に、グーテンベルクの開発した印刷術によって印刷された聖書も、このウルガータ聖書であった。現在用いられている聖書も、ウルガータ聖書に改訂、修正を施したものである。

聖典の翻訳は、どの宗教においても重要な課題である。とくに仏教の世界では、中国の僧侶がはるばるインドまで出かけていき、大量の仏典を持ち帰り、それを翻訳したことで、仏教は中国に広まり、日本もその恩恵を受けている。ただし、印刷術が開発されるまで、どの聖典も写本で伝えられてきた。

ヒエロニムスがローマにいたとき、寡婦とその娘たちに修道生活を指導したが、娘の一人が過度の禁欲で亡くなるという出来事が起こる。ただしヒエロニムス自身は童貞ではないと手紙に書いていた。

16 アウグスティヌス

キリスト教が発展していくなかで、アウグスティヌスの果たした役割はあまりにも大きい。もし彼が現れなかったとしたら、その後のキリスト教のあり方は根本から変わっていたはずだ。

重要なのは「原罪」の教義を確立したこととマニ教批判である。

原罪の教義は、創世記のアダムとイブの物語に遡るが、創世記では、二人の犯した罪がその後、人類に遺伝するとはされていない。また、イブを誘惑したのは蛇であり、悪魔ともされていなかった。アウグスティヌスは、アダムとイブは、悪魔から誘惑され、神から食べるのを禁じられた善悪を知る木の実を食べることで性を知り、それによってエデンの園という楽園を追放されたとした。その罪は遺伝によって人類全体に負わされるようになったのだ。その後のキリスト教世界では、いかに罪を贖うか、「贖罪」ということが重大な課題となった。教会の発展も、贖罪を行う機能を持つことで実現されたのである。

アウグスティヌスの母モニカはキリスト教徒の家庭に生まれたキリスト教徒だったが、夫は異教徒で、その暴力や浮気に悩まされた。アウグスティヌスも、この父の血を受け継いだのか、若いときには放蕩生活を続け、しかもマニ教を信奉していた。アウグスティヌスを回心させる上で彼女の果たした役割は大きく、そのため彼女自身が聖人となった。この母がなければ、アウグスティヌスの改宗はなかったかもしれない。

マニ教時代のアウグスティヌスは弁論術や演劇に傾倒していたが、この時代、キリスト教にはライバルとなる宗教があった。世界的な宗教学者ミルチア・エリアーデは、太陽神ミトラを信仰する密儀宗教のミトラ教が最大のライバルだとするが、後のことを考えればマニ教の方が強敵だった。というのも、マニ教は、ペルシアのゾロアスター教の影響を受け善悪二元論を説いたからである。この方が、世界に悪が存在する理由を説明しやすい。

改宗した後のアウグスティヌスは、「神の国」の実現を説くとともに、徹底したマニ教批判を展開した。アウグスティヌスは、人間には神から自由意志が与えられており、それによって悪をなすこともできるが、善をなすことで正しい生き方ができると説いたのである。

17 キュリロス

初期のキリスト教会においては、アタナシオス派とアリウス派との間の深刻な対立があり、それを通してキリスト教の根本教義となる三位一体説が確立されていったわけだが、異端とされたアリウス派が次第に力を失っていくなかで、新たな異端が登場することになる。それがネストリウス派である。

ネストリウス派のことは、日本でもよく知られている。異端とされたネストリウス派は、東方にその勢力を拡大していき、唐の時代には中国にまで伝えられたからである。中国語では「景教」と呼ばれ、長安（現在の西安）の都には「大秦景教流行中国碑」が建立された。ただ、中国では仏教を含め、さまざまな宗教が弾圧され、景教もその例外ではなかったため、この碑も明の時代に再発見されるまで土に埋もれていた。

ネストリウス派の中心となったのが、シリアに生まれコンスタンティノープルの司教となったネストリウスであった。ネストリウスは、それまでマリアに対して「神の母」という呼称が用いられているのに異議を申し立てた。これでは、人間の母から神が生み出されたことになり、神の絶対性が失われるからである。ネストリウスは、マリアを「キリストの母」と呼ぶべきだと主張し、キリストには神性と人性の二つの位格があり、マリアは人性の方だけを産んだのだとしたのである。

　このネストリウス派を強く批判したのがアレクサンドリアの司教キュリロスであった。４３１年のエフェソス公会議ではネストリウス派が異端と定められた。ただ、民衆のなかにはネストリウス派を支持する者も多く、騒ぎになった。そもそもキュリロスは、ネストリウスとその支持者がエフェソスに到着する前に公会議を閉会してしまうという陰謀を働いたようで、そのためキュリロス自身、司教を一時罷免《ひめん》されている。

　キュリロスは、エフェソス公会議の前のことになるが、ギリシア系の女性の哲学者ヒュパティアの殺害に関与している。『ローマ帝国衰亡史』を書いたエドワード・ギボンは、そのとき、キュリロスは彼女を馬車から引きずり下ろし、生きたまま肉を骨からそぎ落として殺害したと書いている。キュリロスは、ネストリウス派の撲滅《ぼくめつ》に貢献したものの、その人間性が疑われる聖人でもあるようだ。

第6部

拡大するキリスト教

世界宗教が発展していく上で、帝国の存在は、極めて重要である。キリスト教も、ローマ帝国が存在し、その国教とならなければ、大きく拡大することはなかったであろう。しかも、ミトラ教などライバルとなる宗教もローマ帝国には存在した。

ローマ帝国が東西に分かれた後、キリスト教は各地に広がっていく。その際に、それぞれの地域に信仰を広める役割を果たす聖人が生まれた。そうした聖人は、現在でも、地域や国の守護聖人として崇敬の対象となっており、祭りが行われることもある。これはキリスト教の定着、さらには土着《どちゃく》化を意味する。

東西に分裂した後、西ローマ帝国は早々に滅びてしまうが、東ローマ帝国は１０００年以上にわたって続いた。帝国が東西に分かれたのは、広大な地域を一人の皇帝で治めることが難しかったからだが、東ローマ帝国は、ビザンティン（ビザンツ）帝国とも呼ばれ、一時は版図を大きく広げた。最後は、首都となったコンスタンティノープルに領土が限定されてしまうが、帝国のなかでは東方正教会の信仰が確立され、広がりを見せていく。

キリスト教の大きな流れとしては、カトリック、プロテスタント、そして正教会があるわけだが、正教会はカトリックとはかなり性格が違うものになっていった。言語の面では、カトリックではラテン語が用いられたのに対して、正教会ではギリシア語が用いられた。典礼のやり方もかなり違う。正教会の典礼の見事さが、ウクライナに正教会の信仰が受け入れられる要因にもなった。また典礼は正教会のやり方に従い、教義はカトリックのものを採用し、ローマ教皇の権威を認める東方典礼カトリック教会も生まれた。

聖人についても、初期の時代にかんしては、カトリックと正教会がともに認める者たちもいる。だが、どちらかだけで聖人と認められている人物もいる。正教会の信者は日本で少なく、なじみがないかもしれないが、正教会の信仰は、かなりの広がりを見せ、しかも、西ヨーロッパのカトリックが退潮しているのに対して、ソ連崩壊以降はかえって活発になっている。ロシアのウクライナ侵攻の背景にも、正教会同士の対立が深くかかわっているのである。

1　マルティヌス

宗教は帝国によって拡大していくものだが、ローマ帝国が版図を広げることでキリスト教もさまざまな地域に伝えられていくことになった。その際に、各地域で布教活動に邁進《まいしん》した人間が現れ、彼らはやがてその地の守護聖人となっていった。マルティヌスもその一人で、彼はフランスとドイツで守護聖人となっている。

生まれは、今で言えばハンガリーのサバリアという町で、父親が軍人であったため、転任先のイタリアのパヴィアで教育を受ける。マルティヌスは父親と同様に軍隊に入隊するが、彼にまつわるもっとも有名なエピソードはその時代のもので、その時点で彼はまだキリスト教徒にはなっていなかった。

ある冬の日、マルティヌスは馬でフランス北部のアミアンの市門を通り抜けようとしたとき、裸の物乞《ものご》いに出会う。物乞いに施しをする者もおらず、マルティヌス自身も施し物を持っていなかったので、剣を抜いて、着ていたマントを二つに切り裂くと、片方を物乞いに与え、片方を自分で着た。

その夜のこと、夢のなかにイエスが現れるのだが、イエスはマルティヌスが施したマントを身にまとっていた。イエスはまわりにいた天使たちに対して、「マルティヌスは、まだ洗礼を受けていませんが、このマントをわたしに着せてくれたのです」（『黄金伝説4』）と言った。信仰譚《たん》としては、どの宗教にも見られるものだが、その後、マルティヌスは洗礼を受け、やがて除隊した。エル・グレコをはじめ、多くの画家が、マルティヌスがマントを切り裂く場面を描いている。

マルティヌスが着続けた方のマントは、フランク王国の歴代の王が所有し、持ち歩いたとされる。チャペル（教会）の語源がマントを意味するフランス語のケープで、10世紀から14世紀まで続いたカペー朝の語源でもある。

やはりフランス出身で、マルティヌス本人とも親交があったスルピキウス・セヴェルスという人物が、『聖マルティヌス伝』を書いているが、多数の写本が残されており、この聖人伝が中世ヨーロッパで人気を集めていたことが分かる。『黄金伝説』も、この聖人伝をもとにマルティヌスの奇跡に満ちた生涯をつづっている。

2 ヤコボス

ローマ帝国は、ローマを中心に東西に版図を広げていくが、現在のイランであるペルシアにまでは及ばなかった。その後、ペルシアにはイスラム教が広がり、シーア派の信仰が浸透する。ペルシア全体がキリスト教化されたことはなかった。

それでもローマ帝国の時代に、ペルシアにもキリスト教徒は生まれた。その一人が、ヤコボスで、彼はササン朝ペルシアのイェズデガルド1世王の重臣《じゅうしん》であった。高貴な家に生まれ、両親はキリスト教徒で、妻も同様だった。ただ、ヤコボスは王に忠義を尽くすため、キリスト教の側からすると「偽神《ぎしん》」を信仰していた。イスラム教以前のペルシアでは、ゾロアスター教やマニ教、あるいは、ゾロアスター教を批判したマズダク教などが広がっていた。キリスト教も広まっていたが、それはシリア系のキリスト教で、ローマ帝国でキリスト教が公認されると、その影響が及ぶのを恐れ、ササン朝はキリスト教徒を迫害するようになる。

ヤコボスは、まさにその犠牲になり、殉教する。シリア語、ラテン語、ギリシア語、コプト語、アルメニア語の殉教録が伝わっているが、それも、ヤコボスの殉教が特異なものだったからである。彼はヤコボス・インテルキススとも呼ばれるが、インテルキススは切り刻まれたを意味するラテン語である。その名の通り、拷問にかけられたヤコボスは、切り刻まれていく。

　ヤコボスは、家族の中で自分だけがキリスト教を信仰していないことを後悔していたが、使者が王のもとへやってきて、ヤコボスがキリスト教徒であると告げる。王にそのことを問われたヤコボスは、後悔していたせいで、キリスト教徒であると認めてしまう。このために、彼は拷問にかけられるのである。

　刑吏はまず、ヤコボスの親指を切り落とす。彼は叫び声をあげるが、指をブドウの木にたとえ、たわわに実がなるよう若枝は切り落とされるのだと言い、イエスに接《つ》ぎ木される形で新しい信者が生まれるのだと改宗を拒む。そのため、次々と指が切り落とされ、それは足や腕に及んだ。切られたのは28箇所で、最後は首をはねられた。聖遺物となった頭の骨は、バチカンに移されたと伝えられる。

３　パトリキウス

　パトリキウスと言ってもなじみはないかもしれないが、聖パトリックと言えば、聞いたことがある人もいるはずだ。３月17日の聖パトリックの日は、アイルランドにおける重要な祝日であり、アイルランドからの移民が多いアメリカでも祝われる。シャムロックという緑の三つ葉がそのシンボルで、聖パトリックの日には、緑の服を身につけたり、緑のビールを飲んだりする。３月17日は、パトリキウスが亡くなった日である。

　パトリキウス本人については、同時代の史料も乏しく、『黄金伝説』でも、その生涯は詳しくは綴られていない。ブリタニア、今日のウェールズで助祭の子どもとして生まれたものの、16歳のときに海賊に拉致《らち》され、アイルランドに連れてこられて、奴隷となって羊飼いをしていた。その間に回心を体験し、神からアイルランドでの布教を命じられる。

　そこで脱走し、一旦は故郷のウェールズに戻るが、ヨーロッパ大陸に渡り、フランス中央部オーセールの司教ゲルマヌスに師事し修道生活を送る。ゲルマヌスも聖人で私財をなげうって教会や修道院を建立し、フランスにおける共住修道生活の創始者となった。

当時のフランスでは、ペラギウス派の教説が広まっていた。それは、本来マニ教を批判するもので、原罪を否定し、人間はその自由意志によって救われるとした。その上で徹底した禁欲を説き、社会の道徳的堕落を批判した。アウグスティヌスは、ペラギウス本人の人格の高潔さを評価したものの、その教説については批判し、ペラギウス派は４１８年のカルタゴ会議では異端として排斥された。ゲルマヌスは、このペラギウス派を批判した。

パトリキウスの方は、その後神の啓示に従うため、アイルランドに赴いて司教となり、北アイルランドを中心に布教活動を展開し、亡くなるまでにはアイルランドのキリスト教化をなしとげていたとされる。ただ、具体的に、どういった活動をしたかは分かっていない。

興味深いのは、パトリキウスと煉獄《れんごく》（小罪を犯した死者が天国に行く前に火によって浄化される場所）との関係である。『黄金伝説』では、パトリキウスがアイルランドで布教に苦労していたとき、神から煉獄である深い穴を教えられる話が語られている。煉獄は天国にも行けず地獄にも落とされなかった人間が贖罪を行う場所である。パトリキウスの煉獄は、アイルランド北部の島に実在するとされ、そこは巡礼地として多くの人間を集めた。

4　ベネディクトゥス

東方の教会における修道院の発展については、バシレイオス以下の聖人の項で見たところだが、西方においては、ベネディクトゥスが果たした役割が大きい。ベネディクトゥスは独自の修道規則を定めたが、その標語は「祈れ、働け」というものであった。祈りに徹することは東方の修道院でも同じだが、働くという面は強調されなかった。労働という側面が強調されることで、西方の修道院は経済活動を積極的に担う場として、世俗の社会にもかかわり、そこに大きな影響を与えていくこととなった。

ベネディクトゥスは、中部イタリアのヌルシアの生まれで、貴族の家系に属していたとされる。彼にはスコラスティカという双子の妹がいて、彼女の方も女子修道院を創設した功績で聖人となっている。

ベネディクトゥスは最初、隠修士として洞窟で修道生活を行っていたが、弟子たちとともにローマの南東にあるモンテ・カッシーノという岩山に修道院を建てる。日本では巨大な岩が磐座《いわくら》として信仰の対象になったが、キリスト教世界では、世俗の世界と隔絶した生活を送るために、岩山に修道院が設けられることが多い。

モンテ・カッシーノには、キリスト教の立場からすれば異教の神殿があり、ベネディクトゥスはその神殿と、そこに祀られていたアポロ像を打ち倒してから修道院を建てたとされる。それは、キリスト教が異教に勝利した象徴的な行為でもあるが、新しく勃興《ぼっこう》した宗教が、古い宗教を破壊することで、その優位性を誇示することは、さまざまな地域に見られることである。

ベネディクトゥスの定めた修道規則は、極端な禁欲主義に走らない中庸《ちゅうよう》を特徴としており、それが後の修道規則に大きな影響を与える原因ともなった。また、世俗の権力者にとってもそれは好ましいもので、さらに、修道士に労働が義務づけられたことで、修道院の経済的な自立がはかられた。しかもベネディクトゥスは、修道院をどのように運営していくのか、その指針も示したので、修道院は合理的な精神にもとづいて運営され、安定性を確保した。さらに、手工業者などが修道院内で活動するようになり、地域経済に貢献することで、周辺の社会との連携もはかられたのである。

5 グレゴリウス1世

ベネディクトゥスの伝記を書いているのが第64代のローマ教皇、グレゴリウス1世である。ベネディクトゥスの伝記はほかにないので、これは貴重である。また、グレゴリウス1世は四大ラテン教父の一人でもあり、カトリック教会の「グレゴリオ聖歌」は、グレゴリウス1世に由来する。多くの聖歌を作曲したという伝承があるからだが、グレゴリオ聖歌の成立は9世紀以降のことで、6世紀末から7世紀はじめに在位したグレゴリウス1世が作曲したものが直接用いられているわけではない。

カトリック教会で「大教皇《だいきょうこう》」と呼ばれるのは、5世紀のレオ1世、9世紀のニコラウス1世、現代のヨハネ・パウロ2世だが、グレゴリウス1世もそこに含まれる。それも、古代から中世へと時代が転換するなかで、教皇領の基礎を築くとともに、教皇権を強化し、さらには、ローマ帝国が崩壊していくなかで、侵入してきたランゴバルド人やフランク族、西ゴート族との外交折衝に大きく貢献したからである。したがって、グレゴリウス1世こそが実質的な最初のローマ教皇であるという評価もある。

グレゴリウス1世がそうした行政的な手腕を発揮することができたのは、ローマ帝国の元老院議員の息子として生まれ、信仰者としての道を歩む前、30歳でローマ総督の地位に就いていたからである。

しかし、一方で修道生活を実践したいという思いを抱いていた。具体的な契機になったのが父親の死であり、莫大な財産が残されたため、グレゴリウス1世はシチリアに六つの修道院を建て、七つめはローマの自邸に建てた。５９０年にローマ教皇に選ばれると、積極的な布教活動を展開するとともに、教会改革を進めていった。カンタベリーのアウグスティヌスがイギリスに派遣されたのも、グレゴリウス1世の命によってである。

キリスト教の拡大には、ローマ帝国が大きな役割を果たしたわけだが、ローマ帝国は東西に分裂し、西ローマ帝国は４７６年には滅んでしまった。ローマ帝国が存続したかどうかは、東西の教会のあり方にも影響を与え、東ではビザンツ帝国と正教会が一体の関係を保持したのに対して、西では帝国が不在となり、それが西の教会が世俗の権力より有利な立場を築き上げていく要因となった。そこにグレゴリウス1世は大きく貢献したのである。

6 カンタベリーのアウグスティヌス

「ケルト十字架」というものがある。通常のキリスト教の十字架は、木を十字に組み合わせたもので、縦横二本の木からなるが、ケルト十字架は、縦横が交差する部分に円環がはめ込まれた形になっている。ケルトとは、ヨーロッパに侵入したインド・ヨーロッパ語族に属するケルト語を用いる人々のことで、その文化は、キリスト教が浸透する前から存在する土着のものである。ケルトには独特なドルイドの信仰があった。ドルイドで太陽が信仰対象になっていたことが、ケルト十字架に影響した。

世界宗教が広まっていくなかでは、どこでも土着の信仰との関係が問われる。世界宗教は、土着の信仰を駆《く》逐《ちく》していくことで広がっていくわけだが、その過程で、むしろ土着の信仰を取り入れることがある。ヨーロッパに広がったキリスト教は、ケルトやヨーロッパ中央部からスカンジナビアに広がったゲルマンの影響を受け、それと融合しながら勢力を拡大した。

イングランドには、ローマ帝国の時代にキリスト教が広まるが、アングロサクソン人が侵入してくることで一掃された。ただ、アイルランドでは侵入がなかったため、キリスト教は生き残った。ただしそれは、ローマのキリスト教とは異なる「ケルト系キリスト教」であった。そのシンボルがケルト十字架なのである。

アイルランドには、パトリキウスによって改めてキリスト教が伝えられたわけだが、その後も聖人となるコルンバなどが続く。そして、グレゴリウス1世によってイングランドに送り込まれたのがカンタベリーのアウグスティヌスであった。カンタベリーの名がつけられたのは、イギリスのキリスト教信仰の中心カンタベリーを拠点としたからである。グレゴリウス1世としては、ケルト系キリスト教ではなく、西方教会の伝統にのっとったキリスト教を広めようとしたのである。

その際に、ケルト系キリスト教を異端的なものとしてとらえ、それを一掃することも考えられた。しかし、アウグスティヌスは、グレゴリウス1世の指導もあり、そうした方向をとらず、イングランドの国情を考慮した上で信仰の浸透をはかろうとした。それでも、復活祭の日をローマ教会のものに統一しようとして、地元の司教から反発されている。

7 アエギディウス

フランス南部のガール県にサン・ジルという街がある。そこには、世界遺産にも登録されたサン・ジル修道院がある。イエスの十二使徒の一人、ヤコブの聖遺物が安置されているのがイベリア半島北西のサンティアゴ・デ・コンポステーラで、フランスからは四つの巡礼路がピレネー山脈に向かっていくが、もっとも南を通るトゥールーズの道はサン・ジルの道とも呼ばれ、ここを起点としている。したがって、サンティアゴの巡礼者は必ずサン・ジル修道院に立ち寄って、道中の無事を祈ることになる。

そのサン・ジルの街のシンボルが矢の刺さった鹿である。そこには、アエギディウスの伝説がかかわっている。アエギディウスはラテン語であるが、フランス語になるとジルと呼ばれ、街の名もサン（聖）・ジルとなった。

アエギディウスについては、685年に記された文書があるが、これは偽書ともされる。アテナイの王族の生まれとされ、南フランスのプロヴァンスで隠修士となり、サン・ジル修道院を創設したとされるが、歴史的な事実であるかどうかははっきりしない。

アエギディウスが鹿とかかわりを持つのは、隠修士であった時代においてである。彼には病気治しの力が備わっていたため、評判になり、現世の名声におぼれる危険を感じて、荒野に分け入っていく。そこでアエギディウスは、隠れ住むために格好な泉の湧き出る洞窟を見つける。

すると、一匹の雌鹿《めじか》が毎日やってきて、その乳で養ってくれた。ところが、王の家臣が狩りにやってきて、猟犬が鹿を追い回した。そのため、鹿はアエギディウスのもとへ逃れてきた。アエギディウスが神に祈ると、猟犬たちは洞窟に近づけなくなるが、狩人が放った矢は、鹿ではなく、アエギディウスに刺さってしまった。王は、ようやく洞窟にたどり着き、アエギディウスが傷つき、その足もとに鹿がかがみ込んでいるのを目の当たりにする。

王は、医者を呼び、見舞金を渡そうとするが、アエギディウスはそれを断った。むしろこの苦痛が生涯続くようにと神に祈り、見舞金で修道院を建ててくれるよう王に頼む。ただ、アエギディウスを描いた絵では、彼が抱き締めた鹿の方に矢が刺さっている。それが、サン・ジルの街のシンボルになったわけである。

8　ボニファティウス

アイルランドには、パトリキウスによってキリスト教が伝えられ、広まったわけだが、そこでの習慣は独特のものであった。それは剃髪《ていはつ》、叙階、復活祭の日付の算定法に及び、パルキアと呼ばれる修道院の連合体も特異なものだった。剃髪は、やり方は他の地域とは異なり、前頭部を剃《そ》り、後頭部は長髪を垂らすというものだった。

アイルランドの修道士のもう一つの特徴は、伝道に熱心だったことで、大ブリテン島だけではなく、ヨーロッパ大陸に渡って宣教活動に従事した。その一人となったのがボニファティウスであった。貴族の子として生まれたが、7歳で修道院に入る。ウィンフリードというのが本名で、最初、オランダ、ドイツの北海沿岸地方であるフリースラントで宣教活動に従事する。現地の言語が、母語のアングロサクソン語に近かったからだが、宣教には失敗し、一旦ローマに行き、そこで、教皇のグレゴリウス2世からゲルマン人に対する宣教の許可を得て、ボニファティウス（善行をなす者）というローマ名を与えられた。

それからボニファティウスは、チューリンゲン、ザクセン、ヘッセンなど、フランク王国にあってキリスト教化が進んでいない地域で活動し、大きな成果をあげた。最後、かつて宣教に失敗したフリースラントに赴くが、ボニファティウスが神殿を破壊したことに怒った現地の人間によって刺《し》殺《さつ》され、殉教することとなった。

ボニファティウスにまつわる伝承で興味深いものが、７６０年頃に成立した『ボニファティウス伝』にある「トールのオーク」と呼ばれる巨木を倒したときの話である。それは、ドイツのガイスマー村（現在のヘッセン州フリッツラー）でのことで、ボニファティウスが巨木を倒そうとすると、キリスト教に改宗していない村の人々は、ボニファティウスを呪った。ところが、そのとき大風が吹き、巨木は崩れ落ち、破片が四つに分かれて十字の形になった。これを見た村の人々はキリスト教に改宗し、ボニファティウスはその木で礼拝堂を建てたというのである。

ゲルマン人には樹木を神聖視する文化があった。キリスト教を広めるには、そうした信仰を打ち破っていく必要があり、ボニファティウスの物語はそれを象徴している。クリスマスツリーの習慣は、そうしたゲルマン人の樹木信仰をキリスト教が取り入れたものである。

9　エウロギウス

スペインとポルトガルのあるイベリア半島は、今日でもキリスト教とイスラム教が交錯し、特異な文化が形成されているが、ローマ帝国の版図におさめられた時代にキリスト教の信仰が広まった。ところが、8世紀のはじめにはイスラム教のウマイア朝が侵入し、イベリア半島全土を支配するようになる。その後、やはりイスラム教の後ウマイア朝が成立するが、11世紀になるとキリスト教徒によるレコンキスタ（国土回復運動）が開始され、次第にイスラム教徒の支配から脱していくようになる。

9世紀、後ウマイア朝時代のコルドバでローマ帝国の元老院議員の血を引く家に生まれたのがエウロギウスであった。エウロギウスにはパウルス・アルヴァルスという友人がいて、彼が『エウロギウス伝』を書いている。中世のヨーロッパでは、さまざまな殉教者の伝記が作られたが、『エウロギウス伝』が存在するということは、エウロギウスが殉教したことを意味する。

エウロギウスは両親の手によって教会に預けられ、そこで神学や哲学、あるいはラテン語やアラビア語を学ぶ。コルドバは、イベリア半島の南部にあり、そこはイスラム教徒に支配されていたので、エウロギウスはキリスト教関係の書物を求めて、キリスト教徒が支配する北部へ赴いた。その際、北部のナバラ地方の修道院で、イスラム教の預言者ムハンマドの伝記を目にする。その伝記がいかなるものかは不明だが、ムハンマドは悪魔にそそのかされ、偽の啓示を広め、死んでから３日後に復活すると吹聴しながら、遺体は犬や鳥に食い荒らされたというのである。これが彼を反イスラムの闘士に仕立て上げた。

エウロギウスは２度北部への旅を行うが、２度目にコルドバに戻ったとき、キリスト教徒の殉教という出来事が起こっていた。コルドバのキリスト教徒は、公然とムハンマドを批判し、次々と処刑されていったのだ。これは、ローマ帝国における大迫害の時代に、殉教熱が高まったことと共通する。殉教するために、彼らはあえてムハンマドを冒瀆したとも言える。

キリスト教徒のなかには、こうした殉教熱の高まりに対して、信徒の安全を脅かすとして反対する者もあったが、エウロギウスは殉教を熱烈に支持し、ムハンマドを冒瀆し続けたので、自身も８５９年に斬首刑に処せられている。

10 ルイ9世

ムーア人と呼ばれたイスラム教徒が、支配していたイベリア半島から最終的に追われるのはコロンブスが新大陸に到達した１４９２年のことだが、実質的にレコンキスタを完了させたのが13世紀のフェルナンド３世である。その功績によって、王は聖人に列せられ、「聖王」と称される。

そのフェルナンド３世の従兄弟にあたるのが、フランス王国カペー朝のルイ９世である。フェルナンド３世が列聖されたのは17世紀と遅いが、ルイ９世の方は13世紀の終わりに死後27年で列聖されている。その功績は、２回にわたって十字軍に従軍したことにある。それもルイ９世が敬虔なキリスト教の信者だったからである。

ルイ９世が従軍した十字軍は第６回と第７回になるが、その前に、祖父の代にはじまった「アルビジョワ十字軍」を最終的な勝利に導いている。これは、一般の十字軍とは異なり、南フランスで異端とされた「カタリ派」を駆逐するためのものであった。カタリ派は、極端な禁欲を説く宗派で、その点では清貧を重んじる修道会と通じるものがあったが、現実の社会、さらにはキリスト教会のあり方を否定したことで異端とされた。

第1回十字軍は、目的とした聖地エルサレムの奪還に成功し、エルサレム王国などが樹立される。だが、イスラム教徒の反撃にあい、陥落する。それ以降、再奪還をめざして十字軍が組織され、第5回ではそれに成功するものの、また奪い返されてしまう。

そこで第6回の十字軍が派遣されるのだが、攻めたのはエルサレムではなく、イスラム教のアイユーブ朝エジプトであった。ところが、ルイ9世は敗北し、捕虜になり、莫大な身代金を支払わなければならなかった。そして、第7回では、イスラム教の支配下にあったアフリカのチュニジアを攻めるが、チフスに罹《かか》って亡くなってしまう。

ルイ9世は自らの命をかけて十字軍に参戦し、それで亡くなったわけだが、聖職者ではないし、殉教したとも言えない。それは、フェルナンド3世とも共通するが、そこには、ローマ教皇の政策がかかわっていた。ルイ9世が死後早々と列聖されたのも、それによってローマ教皇の権力基盤を強化するねらいがあった。キリスト教徒の模範としてルイ9世を列聖することで、信仰の方向性をコントロールしようとしたのである。

11 ウラジーミル1世

伝承では、ロシアに最初に布教に訪れたのは、十二使徒の一人アンデレとされる。そのことは、12世紀に成立した修道士ネストルによる『原初年代記《げんしょねんだいき》』などに記されている。ただ、ロシア、あるいはキーウ（ウクライナ）にキリスト教の信仰を国教という形で導入したのはウラジーミル1世である。ウラジーミル1世は、キーウ大公国の大公だった。そのいきさつについても、『原初年代記』に記されている。それによれば、ウラジーミル1世は、南方のヴォルガ川流域にいたテュルク系遊牧民、ブルガール人が信奉していたイスラム教、西のドイツ人が信仰していたカトリック、そして、ビザンツ帝国の正教会に対して使者を送り、その実態を調査させた。

使者は、イスラム教、カトリック、正教会の順に回り、ビザンツ帝国の帝都であるコンスタンティノープルのハギア・ソフィア大聖堂の典礼に出会い、その壮麗さに圧倒される。地上のものとは思えず、まるで天上にいるかのようだったというのである。この結果、9

８８年、ウラジーミル1世自身が洗礼を受け、正教会の信仰を大公国の国教とした。

キリスト教はローマ帝国内に広まることでその勢力を拡大していったわけだが、帝国が東と西に分裂していくなかで、信仰のあり方も東西で次第に変化を見せていった。正教会の典礼の壮麗さもその結果であり、その面でカトリックは及ばなかった。正教会の中心的な典礼は、「聖体礼儀」と呼ばれる。

ただ、その後キーウ大公国は、モンゴル帝国の一つ、キプチャク・ハン国による支配を受ける。その事態は2世紀にわたって続き、「タタールの軛《くびき》」と呼ばれた。タタールとはモンゴル人をさす。この事態に終わりをもたらしたのが、モスクワ大公のイヴァン3世で、その頃には、ロシアの中心はキーウからモスクワに移っていた。

その際、重要なことは、タタールの軛から解放される前の１４５３年にビザンツ帝国が滅びていたことである。イヴァン3世は、ビザンツ帝国最後の皇帝の姪と結婚し、帝国の後継者を自認するようになる。ビザンツ帝国の帝都コンスタンティノープルは「第二のローマ」と呼ばれていたが、これによってモスクワは「第三のローマ」を称するようになるのである。

第7部 神学者と修道士

人間はさまざまな活動を展開し、多様な文化を生み出してきたが、宗教の領域での活動には特異なものが多い。信仰に熱心な者は、その信仰に命をかけることを厭わない。そこまで信仰は人々の内面に深く入り込み、その行動のあり方に強い影響を与えるのだ。聖人は、その代表であり、そうした人々の信仰のあり方は、ときに尊敬の念を生むとともに、人間業とは思えないと感じさせることもある。

キリスト教世界には、最初、荒野で修行を行う隠修士という人々が現れ、彼らは清貧の生活を送るなかで、修行を重ねていった。

その段階では、個人としての活動だったが、やがて集団を形成するようになり、修道院が生まれる。修道院はカトリックでも正教会でも次々に誕生していった。修道院は、皇帝や王など世俗世界の支配者から多くの土地を寄進され、それによって経済的な豊かさを享受するところも現れるようになる。土地を使って、経済活動が実践されたからだ。

ただ、そうなると経済的に豊かになりすぎてしまい修道院の堕落という事態も生まれた。すると当初の清貧のあり方に戻ろうとして、新たな修道院が生まれた。それでも、なかには、堕落した修道院と同じ運命をたどるところもあった。それも、修道院のモットーが「祈れ、働け」だったからだ。労働することは金銭を集めることに結びつく。

また、修道士のなかからは学者も生まれた。彼らは、経済活動を実践する必要がなく、学問に専念することができたからだ。

各地に大学が作られるようになると、キリスト教神学はいっそうの発展を示す。「哲学は神学のはしため」ということばもあるが、これは、哲学的な試みは神学に従わなければならないという考え方を示している。

やがて、中世の哲学は「スコラ哲学」と呼ばれるようになる。スコラとは学校のことである。スコラ哲学においては、神の存在証明といったことが重要な課題となったが、それだけではなく、考察の対象はさまざまな領域に及んだ。近代に入って、ヨーロッパで新しい学問の潮流が生まれていくのも、スコラ哲学の影響抜きには考えられないのである。

1 アンセルムス

アンセルムスは「スコラ哲学の父」と呼ばれる。スコラとは、教会や修道院に付属する学校のことで、英語のスクールの原語となるラテン語である。スコラ哲学は、中世において西方のキリスト教世界に広まった学問の方法であり、細かな概念の区別に議論が集中するため、「煩瑣《はんさ》哲学《てつがく》」と揶揄《やゆ》されることもある。ただ、その対象は、神学だけではなく、自然哲学や認識論にまで及んでおり、やがてヨーロッパにおいて学問諸分野を発展させていく基礎ともなった。

アンセルムスは、イタリア北西部のアオスタで貴族の家に生まれたが、修道士を志し、ノルマンディーのル・ベック修道院に入る。そこが彼の思索の場となるが、そこの修道院長を経て、カンタベリー大司教に就任する。当時は、「叙任権闘争《じょにんけんとうそう》」がくり広げられていた時代で、教会の権力（ローマ教皇）と世俗の権力（王や諸侯）が聖職者の叙階の権限をめぐって激しく争っていた。晩年のアンセルムスは、教会が叙任権を確保する方向で奮闘したが、その間、追放も2度経験している。

修道院が哲学的な思索の場となったのは、学問に専念できる環境があったからだが、本を所蔵している点も大きかった。15世紀にグーテンベルクの印刷術が開発されるまで、本は書き写すしかなかった。修道院は写本を作り出す場でもあり、そのことをもとにした哲学的なサスペンス小説が、記号学者のウンベルト・エーコによる『薔薇《ばら》の名前』である。

アンセルムスには、『モノロギオン』や『プロスロギオン』といった著作があるが、後者は当初「理解を求める信仰」として構想され、そのなかで、アンセルムスは、「私は信じるために理解することは望まず、理解するために信じています」と述べていた。一般の考え方では、何かを信じるには理解することが不可欠だが、アンセルムスは、まず信じることがなければならず、それによって理解が深まっていくのだとしたのである。

なぜこの世界に悪が存在するのか、アウグスティヌスはそれを善の欠如に求めた。アンセルムスも、基本的にアウグスティヌスと同じ立場をとり、「なすべきことをしないこと」と「なすべきでないことをすること」とは、悪としての重さは同じであるとしたのだった（山崎裕子《やまざきひろこ》「教父哲学と修道院」伊藤邦武ほか編『世界哲学史3』ちくま新書）。

2 トマス・ベケット

教会の権力と世俗の権力との関係は複雑で、キリスト教の歴史において、それは常に緊張を伴っていた。キリスト教最大のライバルであるイスラム教であれば、聖俗一体であり、教会にあたる組織、教団が存在しないため、そうした対立は起こらない。

世俗の権力にとって、教会はその正統性を保証してくれる後ろ盾《だて》として重要だった。だからこそ権力者は、土地などを教皇や教会、修道院に盛んに寄進したのである。しかし、世俗の権力は教会のスポンサーとなる立場であり、教会が自分たちの意に沿わない行動に出ることは認めようとはしなかった。とくに聖職者を、権力者の側か、教会の側か、どちらが選ぶのかで熾烈《しれつ》な戦いが起こった。それが叙任権闘争に発展したのである。

したがって、重要な教会の司教には、世俗の権力者と渡り合えるだけの政治力が求められた。アンセルムスが大司教をつとめたカンタベリーなどは、教会にとってのイギリスの拠点であり、そうした面が強かった。そのカンタベリー大司教に、１１６２年に就任したのがトマス・ベケットであった。

　彼は最初、20年以上にわたってカンタベリー大司教をつとめていたシオボールドに仕えていたが、その後、イングランド王のヘンリー2世に仕え、政治家としての才能を発揮した。ところが、大司教に就任してからは、それまでの豪勢な生活を捨て、禁欲的な修道者に変貌し、王と激しく対立するようになる。ベケットは、粗毛の衣を身にまとい、貧者《ひんじゃ》の足を洗ったと伝えられる。王の側が、司教や修道院長の任命に際して、王の発言権を強化し、教会の自由を制限する法案を発布しようとすると、ベケットは猛反対し、フランスに亡命することになる。

　一旦は、教皇の仲裁によって王と和解するが、ベケットが亡命している間に王が任命した司教を停職処分にしたため、王の怒りをかい、王が送った4人の騎士の手によって、カンタベリー大聖堂の祭壇の上で殺された。

　ところが、ローマ教皇のアレクサンデル3世は、ベケットの死から3年後に早々と列聖する。これによってカンタベリーには多くの巡礼者が訪れるようになり、一方で王の人気は急落した。そのため、王はベケットの墓前で懺悔《ざんげ》せざるを得なくなるのだった。

3　ベルナルドゥス

函館市《はこだてし》郊外にあるトラピスト修道院と言えば、そこで製造されたバターやクッキーを販売していることで知られるが、ここは厳律《げんりつ》シトー会に属している。厳律ということばが冠せられているように、厳しい規律に従っているが、この修道会が生まれたのは、それ以前にあったクリュニー修道会が労働を破棄《はき》し、裕福な生活を送るようになっていたのを批判してのことだった。

そのシトー会に、兄弟など一族を引き連れて入り、この修道会を大きく発展させたのがベルナルドゥスである。１１１５年、25歳のベルナルドゥスは、12人の修道士を引き連れて、フランス北東部のクレルヴォーに新しい修道院を創設し、修道院長に任命され、そこを活動の拠点とした。ベルナルドゥスは生涯において68の修道院を建てた。

ベルナルドゥスは修道院において、戒律に従い、清貧の生活を送っていたが、数々の奇跡を引き起こした。その一つが、聖母マリアを篤く信仰した結果、聖堂に祀られた彫像が動き出し、その乳をベルナルドゥスに飲ませたというものである。この場面は多くの画家が描いており、マリアの乳房から飛び出した乳がベルナルドゥスの口に注がれている。こうした奇跡の噂が巡礼者を引き寄せるとともにその名声を高め、彼をカトリック教会における重要な人物に仕立て上げていく。

その後のベルナルドゥスは、教会政治家としての才能を発揮するようになる。もっとも大きな功績は、この時代に多発した「対立教皇」の問題を解決に導いたことである。そこには世俗の権力と教会の権力との対立があり、神聖ローマ帝国の皇帝は別に教皇を立てた。ベルナルドゥスはイタリア国内をめぐり、国王たちの同意をとりつけることで、インノケンティウス2世を承認させ、対立教皇を破門に追い込んだ。他にも第2回の十字軍派遣の勧誘にも成功する。それも、ベルナルドゥスの説教が巧みだったからである。

一方、思想的な面では、ベルナルドゥスは「最後の教父」と呼ばれ、神学の刷新につとめた。ベルナルドゥスは、イエスだけが「口で味わう蜜、耳にする歌、心の喜び」であるとしてイエスを賛美し、「蜜の流れる博士」とも呼ばれた。ただ、このことばの出典は不明で偽書にもとづく可能性がある。

4 ドミニコ

異《い》端《たん》審《しん》問《もん》と言えば、キリスト教の「黒《くろ》歴史」でもあるが、それが盛んに行われたのは15世紀のスペインにおいてだった。主にその対象になったのは、「コンベルソ」と呼ばれたユダヤ教からの改宗者で、彼らは次々と火《か》刑《けい》に処せられていった。その異端審問を担ったのがドミニコ会の修道士たちであった。

ドミニコ会の創設者となったドミニコは、スペイン中部にあったカスティリャ王国に生まれ、バレンシアで神学と哲学を学んだ。その後ドミニコは、異端の存在を知り、異端となった者を教会に取り戻すには、自分たち自身が清貧の生活を送り、各地を説教して巡回する必要があると考えるようになる。これが後に、ドミニコ会の修道士を異端審問に駆り立てることになる。

清貧な生活を実践する修道士が、残虐な異端審問を行うのは、一見すると矛盾しているように思われるかもしれない。だが、南フランスのラングドック地方で盛んだったカタリ派は、極端なほどの禁欲主義で、その聖職者の場合には、現世を徹底して否定するため、自殺を推奨されるほどだった。異端が盛んになるのも、修道会が広がりを示すのも、禁欲、清貧を求める動きが当時広まっていたからで、両者は根を共通にしていた。

　ドミニコは、教皇によってラングドックに派遣されるが、そこで異端以上の情熱をもって、清貧に徹することが不可欠だと認識するようになる。ドミニコは、やがてドミニコ会という修道会を結成することになるが、この修道会では、清貧を守るために固定収入を破棄し、托鉢《たくはつ》による生活を実践した。そのため、「托鉢修道会」と呼ばれるようになるが、黒衣《こくい》を身にまとったことで、「黒衣の修道会」とも呼ばれた。これは、日本の鎌倉時代に、戒律の復興をめざした叡尊《えいそん》などの真言律宗の僧侶が黒衣を身にまとったことと似ている。

　異端を引き戻すための説教を行うには、徹底した学問研究が必要である。ドミニコ会では、組織的に研究活動を実践することを規則として定めた。だからこそ、この修道会から中世の神学研究に決定的な影響を与えるアルベルトゥス・マグヌスやその弟子であるトマス・アクィナスが現れることになる。異端の出現は、修道会に大きな影響を与え、ある意味、その刷新に貢献したのだった。

5 フランチェスコ

現在のローマ教皇はフランシスコだが、この名はフランシスコ会という修道会を作ったフランチェスコに由来する。フランチェスコは徹底した清貧の生活を実践したことで知られ、その生存中から今日に至るまで聖人の代表的な存在として篤く崇敬の対象になってきた。フランコ・ゼフィレッリ監督が１９７２年に製作した『ブラザー・サン　シスター・ムーン』は、当時流行したヒッピーのようにフランチェスコを描いており、一世を風靡《ふうび》した。他にも映画は多く、伝記もくり返し刊行されている。

　フランチェスコは「アッシジのフランチェスコ」と呼ばれることが多いが、イタリア中部のアッシジで生を受けた。富裕な商人の家の出で、騎士になることをめざして戦争に参加するが、捕虜となって牢獄に入れられたこともあった。その後、回心を経験することになるが、時期や経緯については、伝記によって異なっている。

　回心によって、清貧を「わが花嫁」ととらえるようになり、父親の扱っていた商品を持ち出して売り払い、その金を教会に寄付しようとする。それで父親は激怒するが、フランチェスコは、着ていたものをすべて脱いで裸になり、衣服を父親に返す。それは、『ブラザー・サン　シスター・ムーン』でも描かれた、印象的なシーンである。

フランチェスコは、小聖堂を修復して、そこで生活するようになるが、マタイにある「ただで受けたのだから、ただで与えなさい。帯の中に金貨も銀貨も銅貨も入れて行ってはならない。旅には袋も二枚の下着も、履物《はきもの》も杖も持って行ってはならない」ということばを聞いて、それを実践するようになる。

フランチェスコが宣教活動をはじめると、説教に感動する人々が現れ、「小さき兄弟たち」という集まりが生まれる。これが、やがてフランシスコ会に発展するが、無所有と無定住をモットーとし、托鉢で生活する「托鉢修道会」だった。

フランチェスコは、アイユーブ朝（イスラム教）のスルタンのもとに乗り込んで、改宗を迫ったりしたが、成功しなかった。また、集まってきた修道士たちを統率《とうそつ》するには細かな規則を定め、規模の大きな修道院を作る必要があった。だがそれは、フランチェスコの考えにはそわないもので、自らは修道会を離れ、イエスに近づこうとする日々を送った。

6 アルベルトゥス・マグヌス

キリスト教世界において修道院が発展していったことで、学問の面で進展が見られた。それも、修道院に暮らす修道士たちは生活の心配なく学問に専心できたからで、修道院は多くの蔵書も所蔵していた。これは、仏教の僧院と共通する。仏教の教えが発展していくのも、僧侶は寄進によって生活の安定が確保されていたからである。

ただ、キリスト教は信仰の世界であり、独自の哲学を発展させる基盤を持っていなかった。そこで活用されたのがギリシアの哲学であり、とくにアリストテレスの影響は大きかった。西方のラテン語の世界では最初、ギリシア語で書かれたギリシア哲学を取り入れることができなかったが、そうした文献は東方のビザンツ帝国で保管されており、やがてそれがラテン語に翻訳され、キリスト教の神学を大きく変えていくことに貢献した。あるいは、ギリシア哲学に通じたイスラム教の哲学者、アヴェロエスやアヴィセンナ、ユダヤ教の哲学者マイモニデスの著作もラテン語に翻訳され、西方の神学者に大きな影響を与えた。

アルベルトゥス・マグヌスは、ドイツのラウインゲン（現バイエルン州）に騎士の子として生まれ、イタリアのパドヴァ大学で教育を受け、在学中にドミニコ会に入る。アルベルトゥスが活動した13世紀は各地に大学が生まれた時代で、大学の教材にはアリストテレスの著作が使われた。したがってアルベルトゥスは、アリストテレスの思想をキリスト教神学のなかに積極的に取り入れていくことになる。

ただ、キリスト教は一神教でも、ギリシアは多神教である。その点で、神が存在することを証明するのに、アリストテレスの哲学を用いることには根本的な矛盾があった。しかし、アルベルトゥスは、そこには何の障害もないと考えた。そして、38巻にもなる著作を残しているが、それは、天文学や植物学、化学、地理学、物理学、地質学など広範な領域にわたっていた。弟子にトマス・アクィナスがいることでも知られる。

当時の科学は錬金術《れんきんじゅつ》と深く結びついており、アルベルトゥスは錬金術師としても知られる。錬金術では、鉛《なまり》などの卑《ひ》金属《きんぞく》を金に変え、人間に不老不死をもたらす「賢者《けんじゃ》の石」と呼ばれる霊薬《れいやく》を開発することが目的とされたが、アルベルトゥスはそれを発見し、トマスに伝えたという伝説もある。

7　トマス・アクィナス

トマス・アクィナスは、スコラ哲学の代表的な神学者で、アルベルトゥス・マグヌスの弟子になるが、死後、からだが調理されたことは序でふれた。聖遺物の散逸を恐れたからだとされるが、そこには、ドミニコ会の修道士だったトマスが、シトー会の修道院で亡くなったことが影響していた。シトー会の修道士たちは、トマスの聖遺物をなんとかドミニコ会に渡すまいと、隠しやすいようにばらばらにしたのだ。それだけ、トマスの名声は生前から高かったわけだが、その最大の功績は、アリストテレスの哲学を活用することで、キリスト教神学の体系化を推し進めたことにあった。

トマスはイタリアのナポリ近郊で伯爵の子として生まれた。5歳で、モンテ・カッシーノにあるベネディクト会の学校に入る。叔父は、モンテ・カッシーノ修道院の院長であった。世俗の世界の権力者の家に生まれた人間が、宗教界でも高位の聖職者になることは、日本の仏教界でも広く見られたことで、トマスも、そうした期待を集めていた。だが、ナポリ大学を出た後、彼はドミニコ会に入る。ドミニコ会は新興の托鉢修道会であり、教会におけるトマスの出世を願っていた親戚たちは、それに激怒し、なんとか翻意させようと、軟禁したり、娼婦を部屋に送り込んだりしたという。

　トマスはかなり太っていて、動作も鈍く、無口だったが、知的な能力に優れ、パリ大学の神学部教授に就任する。その後一旦はイタリアに戻るが再度パリ大学で教鞭をとるようになり、その間、１２６６年からは代表作である『神学大全《しんがくたいぜん》』の執筆をはじめる。ただ、１２７３年に幻視体験をして、心境に変化が起こり、それ以降は執筆を止めてしまう。したがって、『神学大全』は未完で、トマスの死後、弟子たちが完成させている。

　キリスト教神学においては、神の存在証明ということがもっとも重要な課題になるが、トマスは、因果というところにそれを求めた。世界に存在しているものには何らかの原因があり、その原因にもさらに原因がある。この系列をたどっていくと、最終的に神にたどり着くので、第一原因としての神は存在するとしたのである。仏教には、苦の原因を遡っていく「十二縁起《じゅうにえんぎ》」という考え方があるが、トマスの思考の方向性はそれに似ているようにも思える。

8 ビルギッタ

ビルギッタはスウェーデンの聖人である。近代になってフランスのルルドがカトリックの三大聖地に含まれるようになるまで、三大聖地はローマ、エルサレム、そしてサンティアゴ・デ・コンポステーラであった。ビルギッタは、この三大聖地すべてに巡礼を果たしている。当時の状況からすれば、三大聖地への巡礼を果たした人間がいったいどれだけいたのか。かなり貴重な存在であることは間違いない。

ビルギッタは知事の娘で、14歳のときに18歳の裕福な領主、ウルフ・グドマルソンと結婚する。結婚生活はその後28年続き、8人の子どもを授かっている。30代前半にはスウェーデン国王妃の侍女長《じじよちよう》に任命されるが、この頃から、幻視するようになった。彼女には神秘家としての資質があったのだ。

その後、夫とともにサンティアゴ・デ・コンポステーラへの巡礼を果たし、夫の死後はシトー会の修道院に入る。これによって生涯を信仰に捧げることになるが、さらに彼女自身が新しい修道院を設立する。王妃の侍女長であったことから、国王と王妃から多額の寄付を得ることができた。この修道院は男女共用で、男女は別々の回廊に生活していた。これが、スカンジナビア発祥の唯一の修道会、ビルギッタ会に発展していく。

１３５０年は、ローマへの巡礼者に特別な赦《ゆる》しを与える「聖年」にあたり、ビルギッタはローマへ向かう。新しい修道会設立の許可を教皇から得ることも目的だったとされるが、それからはローマにとどまり、スウェーデンに戻ることはなかった。教皇のウルバヌス５世の信頼を勝ち得、教皇に対して忌憚《きたん》のない意見を述べたという。

ローマにいる間に、ビルギッタはエルサレムへの巡礼も果たしているが、イエス生誕の地であるベツレヘム滞在中には、生誕の場に立ち会うという幻視を得ている。彼女の幻視の体験は、マティアスという修道士が聞き書きし『預言と啓示』という書物にまとめられているが、彼女は飼い葉桶のかたわらにいて、白いマントを身にまとった乙女を見たという。この場面はその後、くり返し絵画に描かれ、『預言と啓示』は後世に大きな影響を与えた。彼女の死後、娘のカタリナが修道会を受け継ぎ、教皇からの許可も得ており、彼女もまた聖人になっている。

9　セルギイ

セルギイは、カトリック教会でも聖セルジオとして崇敬の対象になっているが、むしろ正教会の聖人であり、「ラドネジの克肖者聖セルギイ」と呼ばれる。しかも、ロシアをモンゴル人の支配「タタールの軛」から解放することに貢献しただけに、ロシアでもっとも熱心に崇敬されている（セルギイについては、廣岡正久《ひろおかまさひさ》『キリスト教の歴史3』〈山川出版社〉による）。

セルギイはロシア南部のロストフで農民の両親から生まれた。生涯農民として生き、大修道院の院長になったときにも、菜園での労働に従事したという。その点では、戦後の日本で「踊る宗教」として注目された天照皇大神宮教《てんしょうこうたいじんぐう》の教祖、北村《きたむら》サヨと似ている。彼女も、自らの生活の糧《かて》は農業に従事することでまかなっていた。

20歳になったセルギイは、村外れの森に入り、そこに設けた庵と礼拝所で祈りの生活を行うようになる。隠修士となったわけで、やがて、その教えを求めて人々が集まってくるようになる。これによってセルギイの庵は、やがて至聖三者聖セルギイ大修道院へと発展していく。至聖三者は、正教会では三位一体説を意味する。セルギイの存命中に、その弟子たちによって50を超える修道院が開設され、さらに次の世代は40の修道院を建てた。これによって正教会の信仰がロシア全体に広まっていく。

セルギイについては、弟子のエピファニイ・プレムードルィと、セルビアからロシアにやってきたパホーミイ・ロゴフェットが『ラドネジのセルギイ伝』を著しているが、そこではセルギイがたびたび幻視したことが記されている。

しかし、セルギイの名声を決定的に高めたのは、１３８０年のクリコヴォの戦いに際しての出来事だった。この戦いは、キプチャク・ハン国のママイ・ハンが率いるタタール人の軍隊と、モスクワ大公国のドミートリイ大公が率いるロシア軍の間のもので、その際、モスクワ大公はセルギイのもとを訪れる。セルギイは大公を激励し、南の平原でタタール軍を迎え撃《う》つように進言した。

タタール人はイスラム教に改宗しており、イスラム教対正教会の戦いの様相を帯びたが、セルギイの予言した通りロシア軍が勝利をおさめる。タタールの軛を脱するには、さらに１００年の歳月が必要だったが、これでセルギイは「ロシアの教師」と呼ばれるようになる。

10 ジャンヌ・ダルク

ジャンヌ・ダルクはフランスの国民的なヒロインである。それも、イギリスとの百年戦争においてて神の啓示を受けてフランス軍に従軍し、その勝利に貢献したからである。しかし捕虜になってイングランドに引き渡され、そこで異端審問にかけられ、異端として火刑に処せられている。そのとき19歳であったとされるが、彼女がいつ生まれたのか、はっきりとしたことは分かっていない。彼女自身、自分の年齢を明確には知らなかった。

ジャンヌ・ダルクについては、処刑されたときの裁判記録が残っている。また、その25年後に、ローマ教皇の命令で行われた復権裁判の記録も残っている。こうした記録が彼女の実像を明らかにすることに大いに役立っている。

百年戦争は、1339年から1453年まで続いた王位の継承や王家の所領をめぐるフランス王とイギリス王の戦いであり、フランスのシャルル7世の前にジャンヌ・ダルクが現れたのは1429年のことだった。彼女は、王を救えという神の啓示によってはせ参じたのである。王は、彼女の誠実さを認め、守備隊に参加させた。ジャンヌ・ダルクは、まだ10代後半だったにもかかわらず、戦闘指揮能力に秀でていて、イギリス軍を撤退させることに貢献する。ただ、本当に彼女が軍事面で能力を持っていたのかどうかについては議論がある。

ジャンヌ・ダルクは裁判において証言しているが、13歳ぐらいから天使ミカエルの声を聞くようになったという。そのときから、彼女はそうした声に従って行動するようになる。彼女は神秘家にはならなかったわけだが、その資質は備わっていたことになる。

キリスト教の歴史において、数多くの神秘家が現れたが、その存在は危険なものであった。神秘家が神と出会い、そこで得た啓示は、必ずしも教会の正式な教義にそったものとは限らないからである。ジャンヌ・ダルクの場合にも、捕虜になった後、異端の嫌疑をかけられる。カタリ派のような異端の集団に属している者であるなら、審問の際にはぐらかす手立てを身につけている。だが、彼女にはそれが欠けていた。

一般の異端なら処刑されて終わりだが、復権裁判で無罪とされ、20世紀に入ると、列福、列聖されている。彼女の行動が、フランスの戦いに宗教的な意義を与えたからである。

第8部

宗教改革以降

時代が進むにつれて、どの社会においても合理主義の傾向は強まっていく。技術革新が進み、科学が発達することで、非合理なものは価値を失い、それは宗教を衰退させることにも結びついていく。哲学者のニーチェが「神は死んだ」と宣告し、それが衝撃を与えたのも、そうした歴史の変化が深くかかわっている。ニーチェは時代の声を代弁したとも言えるのだ。聖人崇敬についても、時代の変化は大きく影響している。

殉教の時代が去った後の聖人は、奇跡を引き起こしたり、信仰上顕著な働きをしたりした者、あるいは優れた学者がそれに選ばれた。

カトリックでは、聖人を認定するのは総本山であるバチカンの役割で、バチカンには聖人を認める役割を果たすセクションがあり、聖人の条件も定められている。奇跡を引き起こしたかどうかといったことが条件となるのだが、決めるのはあくまでバチカンの側である。そうである以上、そこにはどうしても、それぞれの時期特有のバチカンの事情がかかわってくる。

聖人崇敬は、現在でも生きた信仰である。宗教改革の担い手の一人、カルヴァンは、聖人崇敬を非合理なものとして全面的に否定したこともあり、プロテスタントには受け継がれていないが、カトリックも正教会も、聖人崇敬は極めて重要な意味を持っている。信者が、聖人による奇跡を求めるからで、宗教改革以降も、多くの聖人が生み出されてきた。

　聖人と認められれば、その人物に対する信仰は高まる。これは、カトリックに多く見られることだが、ある地域での信仰を高めるために、聖人崇敬が積極的に活用されることもある。キリスト教は一神教で、神だけが信仰の対象であるはずなのだが、聖人は日本の八百万の神々に近い。信者は聖人に祈りを捧げることで、奇跡を期待し、ご利益を求めてきたのである。

　そうしたキリスト教の姿に接してみれば、必ずしもキリスト教の信仰を受け入れてきたとは言えない日本でも、親しみが湧いてくるのではないだろうか。

　この部で取り上げる聖人は時代が新しいだけに、近代や現代における信仰のあり方に深くかかわっている。キリスト教も古代とは大きく変容しているのである。

1 トマス・モア

16世紀に入ると、宗教改革が起こり、キリスト教における第３の大きな流れとしてプロテスタントが誕生する。プロテスタントはカトリック教会が広がっていた西ヨーロッパで勃興していくが、カトリック教会の側からすれば分派活動にほかならなかった。

イギリスでは、ヘンリー８世の離婚問題から、イギリス国教会が独立を果たすことになる。ただ、イギリス国教会の当初のあり方はカトリック教会とはさほど変わらず、聖職者の独身制は守られた。しかし、大陸での宗教改革の波がイギリスにまで及ぶと、カトリック的な要素は次第に取り除かれ、聖職者も独身を求められなくなった。それでも典礼のやり方はカトリック教会に近い。そのため国教会は「教皇なきカトリック」とも呼ばれる。

トマス・モアは、理想の社会を描いた『ユートピア』の著者として知られる。ユートピアとは「どこにもない場所」を意味するモアの造語だが、そこにはイギリス社会の現状に対する批判がこめられていた。モアが『ユートピア』の執筆をはじめるのは１５１５年のことで、その年には、ヘンリー８世に仕えるようになり、オランダに使節として送られた。そこで手腕を発揮したことから、法律家としての最高位である大法官に就任している。

モアは熱心なカトリックの信者であり、異端を処刑するとともに、マルティン・ルターによる宗教改革を否定し、ローマ教皇からカトリック信仰の擁護者とされたヘンリー８世を支持した。

ところが、ヘンリー８世は離婚を認めない教皇に反抗し、カトリック教会からの離脱をめざすようになる。モアは離婚についても、王を教会の首長とする制度の確立にも反対して、大法官を辞任してしまう。これに怒ったヘンリー８世は、モアを反逆罪《はんぎゃくざい》で捕らえる。モアは15カ月近くロンドン塔に幽閉《ゆうへい》された後、斬首刑に処せられている。その首は、ロンドン橋にさらされた。

カトリック教会の側からすれば、モアは殉教者であったことになる。そのため、亡くなって４００年が経った１９３５年に列聖されている。イギリス国教会も聖人を認めており、１９８０年には、モアを聖人暦に加えている。

2　イグナチオ・デ・ロヨラ

宗教改革が起こった16世紀は、時代が中世から近世へと転換する時代だった。「長い16世紀」というとらえ方もあり、それは、１４５３年のビザンツ帝国の滅亡から１６４８年の三十年戦争の終結までをさす。その間に、ルネサンス、大航海時代、そして宗教改革といった重大な出来事が起こる。それは、ヨーロッパで教会が権力を失うことを意味した。日本でも、同時期に、中世に権勢を誇った寺社勢力が世俗権力の下に組み入れられるという事態が起こっている。

宗教改革を受けて、カトリック教会でも改革を推し進めなければならないこととなった。それが「対抗宗教改革」だが、そうした動きは宗教改革が起こる前からあった。宗教改革自体、当初は教会の改革をめざすものであり、従来のあり方に大きな問題があることが広く認識されていたことになる。

対抗宗教改革を推し進める上で重要な役割を果たしたのが、１５６３年に終了するトリエント公会議で、それまでの教義や七つの秘跡の有効性が確認され、聖職の売買や、ルターが問題にした贖宥状《しょくゆうじょう》（免罪符）の販売などは禁止された。ところが一方で、聖人伝や聖遺物崇敬は認められた。これらは宗教改革で批判されたのだが、カトリックは方向性を変えなかったことになる。

トリエント公会議がはじまったのは１５４５年のことだが、その５年前に新しいタイプの修道会としてイエズス会が組織された。その中心にあったのがイグナチオ・デ・ロヨラで、そのもとにはパリ大学で修士号を取得した６名の若い司祭が集まった。彼らは、皆、レコンキスタが果たされたばかりのイベリア半島出身者であった。

ロヨラはもともと軍人で、それを反映し、イエズス会は、総会長が全権を掌握し、軍隊的な規律によって統率される組織となり、宣教活動で機動力を発揮した。そして、キリスト教がまだ広がっていない世界各地に会員を派遣して、そこで活動を展開した。高等教育が重視され、各地に大学も設けていく。ただ、ヨーロッパでナショナリズムの気運が高まると、国境を超えて活動するイエズス会は批判を受けるようになり、各地で弾圧を受けることにもなった。

3　フランシスコ・ザビエル

イエズス会の創立メンバーの一人だったフランシスコ・ザビエルが、キリスト教宣教のために日本にやってきたのは１５４９年のことだった。ザビエルは多くの書簡や書籍を残しており、日本でどういった活動を展開したかが分かるのだが、実は日本側の史料はまったく存在していない。なぜ史料がないのか。注目される点だが、理由は分からない。

ザビエルの船には、司教や修道士、あるいはインドのマラッカで出会った日本人が乗っていた。アンジロウと呼ばれる日本人は通訳の役割を果たすが、キリスト教の用語を日本語に翻訳するのは難しい作業で、とくにラテン語で神を表す「デウス」をどのように訳すかが問題になった。最初ザビエルは、それを密教の本尊である「大日《だいにち》」と呼んだため、僧侶たちからは、仏教の新しい宗派と誤解され、かえって歓迎された。しかし、それではまずいと判断され、途中からザビエルはデウスをそのまま用いるようになる。

ザビエルとしては、京都にいる「日本の王（天皇を意味する）」に謁見《えっけん》し、布教の許可を貰った上で宣教活動を展開しようとした。そのため京都に向かうが、応仁の乱の影響で京都の街はかなり荒廃していた。御所も荒れ果て、天皇は粗末な平屋に住んでいるというありさまだった。それで、天皇に許可を得ることをあきらめ、山口まで戻り、そこで宣教活動を展開する。ザビエルは短期間に５００人を改宗させることに成功したとされる。

ザビエルはインドから日本にやってきたのだが、インドのイエズス会から便りが届かず、一旦インドに戻ることにした。ザビエルが日本に滞在したのは２年３カ月で、インドに戻ると、そこでイエズス会の立て直しをはかる。そして、日本にいる間に、中国の重要性に気づいたため、中国でキリスト教を広める必要性を感じるようになる。そこで、中国布教に向かうが、本土に渡ることができず、病に倒れ亡くなってしまう。

これはイエズス会の方針でもあるが、ザビエルは、布教のための資金を稼ぎ出すために、貿易に力を入れた。そうしたやり方は、ザビエルの後を継いで日本布教を行ったイエズス会の修道士にも受け継がれたものの、他の修道会からは清貧という理念に反するとして批判も浴びた。なお、死後のザビエルの右腕はローマに送られ、聖遺物として安置されたが、１９４９年には来日し、日本の信者たちは熱狂してこれを迎えた。

4　ワシリイ

モスクワには聖ワシリイ大聖堂が建ち、赤の広場のシンボルになっている。この大聖堂の正式な名称は、「堀《ほり》の生神女庇護《しょうしんじょひご》大聖堂《だいせいどう》」と言う。生神女とは正教会における聖母マリアの呼び方である。大聖堂は１５５１年から１５６０年にかけてモスクワ大公だったイヴァン雷帝《らいてい》の手によって建てられている。

聖ワシリイ大聖堂は通称で、それは「聖愚者《せいぐしゃ》」、あるいは「佯狂者《ようきょうしゃ》」と呼ばれるワシリイ・ブラジェンヌに由来する。聖愚者は正教会の伝統で、10世紀から現れる。俗世を捨て、もっぱら祈りの生活を行う隠修士であり、ワシリイ・ブラジェンヌの場合にも、その姿は必ず裸で描かれる。

ワシリイは、モスクワ近郊の農家に生まれ、靴屋に修業に出される。ところが、予知の能力があり、16歳のときから聖愚者の道を歩むようになる。つねに裸で、モスクワの街のなかをさ迷い、絶えず祈っていた。１５４７年にはモスクワで大火が起こるが、ワシリイはそれを予言したとされる。

そうしたことからワシリイの名が知られるようになり、専制的な支配を行ったことで知れるイヴァン雷帝も彼に興味を持つ。雷帝自身、聖愚者というあり方に魅力を感じ、自らもそれを志していたと言われる。ワシリイは、雷帝とその家族から尊敬され亡くなった際の葬儀には、雷帝と皇后が参列し、雷帝は棺《ひつぎ》をかついだとも言われる。

徹底した清貧の生活を送ったというところでは、フランチェスコに通じるものがあるが、ワシリイは修道会をはじめることはなく、あくまで隠修士に徹した。こうした聖愚者は、その後も続々と現れ、36人が列聖されている。

聖愚者に強い関心を持った作家がドストエフスキーだった。ドストエフスキーというと、『カラマーゾフの兄弟』における大審問官の話が思い出されるが、『白痴《はくち》』の主人公であるムィシュキン公爵は聖愚者にほかならない。公爵は性的には不能で、そこにはロシア正教会に現れた「去勢派《きよせいは》」の影響も考えられる。「スコプツィ」と呼ばれる去勢派は、男女とも自ら去勢するが、それも肉欲を否定するからである。『白痴』は黒澤明《くろさわあきら》監督が映画化しており、それは一般の日本映画にはない激しい愛憎劇になっている。

5 テレサ

キリスト教史におけるスペインの神秘家の代表と言えば、女性ではアビラのテレサであり、男性では十字架のヨハネである。テレサは亡くなるまでに女子修道院を18、男子修道院を14建てているが、後者についてはヨハネも協力している。

テレサは、生涯にわたり神秘体験を重ね、それを『自叙伝』や『霊魂《れいこん》の城』といった書物に著していく。たとえば、１５６０年頃の体験は、金の長い矢を手にした天使を見たというもので、その矢は彼女の心臓を通して臓腑にまで至る。矢が抜かれるときには、臓腑も持ち去られたかのようで、彼女は「神の大いなる愛にすっかり燃え上がらせて行きました」と述べている。

この幻視体験を彫刻として描いたのが、イタリアの彫刻家ベルニーニで、その作品は「聖テレサのエクスタシー」と題されている。これは、ローマのサンタ・マリア・デッラ・ヴィットーリア教会コルナロ礼拝堂にある。

さまざまな宗教においては「聖婚《せいこん》」ということが重要な意味を持つ。キリスト教では、マリアがイエスを産んだことは、まさに聖婚の結果である。テレサの神秘体験は、聖婚へと至る過程としてつづられており、『霊魂の城』では、七つの宮殿を経ていくものとして語られている。中心の宮殿には花婿となる神＝イエスがいて、彼女は魂を純化させることで最後は神と一体になっていく。こうした体験、あるいは表現は女性特有のもので、彼女は自らのことについて、「結局のところ、私は女であり、しかもよい女ではなく悪い女です」（『自叙伝』）と語っている（渡辺優《わたなべゆう》「西洋近世の神秘主義」伊藤邦武ほか編『世界哲学史5』ちくま新書）。

ただ、こうした神との合一を語る神秘主義は、つねに異端の嫌疑をかけられることになる。しかも、テレサの場合、ユダヤ教からの改宗者であるコンベルソであり、スペインで猖獗を極めた異端審問の対象者はコンベルソにほかならなかった。

彼女は体験を重ねるにつれて異端審問への恐れをつのらせていったし、実際に告発もされ、著作も押収《おうしゆう》されている。彼女自身も、自らの体験が幻覚で、悪魔による働きかけではないかと疑っていた。しかし、最後まで彼女は異端審問にかけられることはなく、後世に女性神秘家の代表として多大な影響を与えることになったのである。

6　十字架のヨハネ

アビラのテレサと並ぶスペインの神秘家が十字架のヨハネである。一般的なキリスト教史のなかで、ヨハネが取り上げられることは少ない。山川出版社の『キリスト教の歴史』全3巻にはまったく登場しないし、エリアーデ『世界宗教史』のなかでも、テレサとの関連でその名に一度言及されるだけである。

ただ、私の個人的な事情を言えば、十字架のヨハネには親しみを感じている。というのも、宗教学の同級生だった鶴《つる》岡《おか》賀雄《よしお》氏が専門に研究していたからである（『十字架のヨハネ研究』創文社）。ゼミなどで鶴岡氏の発表には何度も接した。

その発表を通して印象づけられたのは、ヨハネが神との関係について語るとき、あたかも人間同士の恋愛のような形で、神との関係を賛美する姿勢を示したという点である。それは「花嫁神秘主義」などと呼ばれる。神秘主義とは、人間が神に恋することなのではないか。私はそんな印象を持ってきた。

しかし、テレサの場合と同様に、花嫁神秘主義は危険な試みである。神は世界全体を創造し、人類全体に開かれた存在である。その神に恋をするということは、神を独占することにも通じるからである。

したがって、テレサと出会い、その活動を助けようとしたヨハネは、１５７７年12月から同じカルメル会の修道士の手によって９カ月間にわたって修道院に幽閉されることになる。幽閉されたのは暗い小部屋で、そこでヨハネは最初の著作となる詩を著した。幽閉の体験が、ヨハネの神秘家としての資質を開花させることに結びついたのである。

ヨハネの代表作は『暗夜《あんや》』と題されている。暗夜は、神との合一をめざしつつ、それが実現できない状態のことをさすが、そこに幽閉の体験が反映されていると見ていいだろう。神を求めている暗夜のなかで、神秘家の魂は炎となって燃え上がる。やがて昼の光がさし、それは神に由来するものであるが、その光は、依然として暗さを宿している（前掲渡辺）。

幽閉から逃れた後、ヨハネは教皇から改革カルメル会設立の許可を得る。だが、ヨハネに対する批判は続き、隠棲《いんせい》（俗世間から逃れて暮らすこと）を余儀なくされる。ヨハネの著作が出版されたのは死の30年後のことで、列聖は１７２６年のことだった。

7 カトリーヌ・ラブレ

マリアは、根本的にはイエスを産んだという以外に功績があるわけではない。実際、マリアはイエスの宗教家としての活動にはまったくかかわっていない。キリスト教の根本的な教義として成立する三位一体説は、神とイエス、そして聖霊からなるもので、そこにマリアは含まれていない。だが、キリスト教美術の世界では、聖母子像や聖家族像でマリアは中心的な位置を占めている。それは、キリスト教が歴史を重ねるにつれて、マリア崇敬が重要性を増したことを意味する。女性としての優しさへの信仰が、峻厳《しゅんげん》な神やイエスへの信仰を凌駕《りょうが》するようになったのだ。

そこには、すでに述べたように、ベルナルドゥスの功績が大きかった。彼の属するシトー会では、西ヨーロッパの礼拝堂にマリアを祀るようになる。それは巡礼地にもなっていくが、フランスのシャルトルやル・ピュイ、リエス、イギリスのウォージンガム、ドイツのアーヘンやオーストリアのマリアツェル、スペインのモンセラートなどである。そして、

19世紀になると「マリアの時代」が訪れ、マリアの出現が相次ぐ。

カトリーヌ・ラブレは、１８３０年1月にフランスの愛徳姉妹会《あいとくしまいかい》という修道会に入会する。彼女はそのとき23歳だったが、10代後半には幻視の体験をしていた。彼女は入会して半年が経った同年7月18日、最初のマリア出現を経験する。そのときマリアは、カトリーヌに対してその使命を告げるが、2度目の出現となった11月27日には、マリアを刻んだメダルである「不思議なメダイ」を鋳造《ちゅうぞう》するように命じてきた。

こうした場合、カトリック教会はカトリーヌの体験が真正なものであるかを調査するのだが、2年後の１８３６年には認められ、メダイが鋳造されるようになる。メダイが頒布《はんぷ》されることによって、病気が治ったり、回心が起こったりと、奇跡が生じた。彼女は１８７６年に亡くなるが、１９４７年に列聖される際の調査では、遺骸は腐敗を免れ生前の姿を保っていたとされる。

カトリーヌの出現以降、ヨーロッパ各地で同様の出来事が相次ぐ。１８４６年にはラ・サレットで、１８６５年から１８６７年にかけてはイラカで、１８６６年にはフィリップスドルフでというようにである。なかでも、１８５８年のルルドでの出現は、後にまで大きな影響を与えることになる。

8 ベルナデット・スビルー

1858年2月11日のこと、フランスのピレネー山麓にあるルルドという町で、14歳の少女、ベルナデット・スビルーが薪《まき》をひろうために、町外れにある川向こうの岩場に遠出した。ベルナデットには、二人の同行者があったが、その二人は対岸で薪ひろいをしていた。

ベルナデットの前には岸壁があり、そこには洞窟があった。そのとき、ベルナデットの耳を一陣の風がうつ。彼女が洞窟の方をむくと、光のなかに白い衣をまとった若い女性が両手を広げ、ベルナデットのことを招いているのが見えた。彼女は怖くなり、十字を切ろうとしたが、震えて手が動かない。それでも、なんとかベルナデットがひざまずいて祈ると、その女性は姿を消してしまった。

これが、現在ではキリスト教カトリックの一大聖地になり、毎年膨大な数の信者を集めているルルドに聖母マリアが出現した最初の出来事だった。これを含め、出現は全部で18

回にも及んだ。

当初の段階では、ベルナデットの前に現れた女性が聖母マリアと認められたわけではなかった。それでも、彼女の体験は噂として周囲に広がり、人々は洞窟に群がるようになっていった。

2月25日には、出現した若い女性から「泉の水を飲み、その水で洗いなさい」というメッセージが告げられる。ベルナデットがそこを掘ると水が湧き出した。これがルルドの泉のはじまりで、やがてこの水を飲んで病気が癒されたという奇跡が起こる。

3月2日には、「司祭に行列と礼拝堂をたのみに行きなさい」というメッセージが告げられる。司祭がベルナデットに「名を聞きなさい」と依頼すると、25日の16回目の出現の際には、「私は無原罪の宿りです」という重大なメッセージが告げられた。無原罪の宿りとは、聖母マリアのことを示している。

このルルドでの事件の4年前、１８５４年にローマ教皇のピウス9世は、その回勅《かいちょく》（ローマ教皇から全世界の教会への文書）によって、聖母マリアは原罪の穢《けが》れなしに受胎したという「無原罪の御宿り」の教義を公認していた。ルルドに出現した聖母マリアは、まさにこれを裏づけた形になったのである。

9 テレーズ

リジューのテレーズと呼ばれるが、リジューはフランス北部ノルマンディー地方にある。テレーズは１８７３年1月2日の生まれで、亡くなったのは１８９７年9月30日だった。亡くなったときにはまだ24歳だった。生涯が短いにもかかわらず、彼女の名声は輝き、列聖されただけではなく、カトリック教会から「教会博士《きょうかいはかせ》」の称号を与えられている。教会博士は、学識豊かな聖人に贈られる称号だが、ひとえにそれは彼女の自伝である『幼いイエスの聖テレーズ自叙伝』によるものだった。

彼女の両親であるマルタン夫妻は時計職人とレース職人で、７人の娘のうち夭折《ようせつ》した２人を除いて５人が修道女になっている。いかに敬虔な家族であったかが分かるが、テレーズは末娘だった。マルタン夫妻も２０１５年に列聖されている。マルタン夫妻は夫婦で聖人となった唯一の存在である。

テレーズは、幼いときから病気がちで、頭痛や腹痛に苦しんでいた。幻覚や発作もあった。神秘家の素質があったと言える。彼女の信仰生活における決定的な出来事は、彼女がもうじき14歳になる1886年12月に訪れる。テレーズの母は、彼女を産むとすぐに亡くなっており、父親と娘たちは、クリスマスイブにリジューの大聖堂で営まれるミサに参列していた。そのとき、彼女は母親の死による苦しみを克服し、後年彼女が言う「完全な回心」をとげたのだった。

それ以降、彼女は修道女になることを希望するようになるが、年齢が若かったためにそれはかなわなかった。父親とともにローマへ巡礼した際には、教皇のレオ13世は高齢で巡礼者が話しかけるのは禁じられていたものの、彼女は話しかけ修道女になる許可を得ようとした。それでもかなわず、カルメル会に入会できたのは16歳のときだった。

その後、リジューの修道院で修道生活を送ることになるが、23歳のときに結核で喀血《かっけつ》し、その1年半後に亡くなっている。彼女は、修道生活を送るなかで、姉たちから依頼されて、自伝や修道生活について三つの文書を書き残していた。これが、死後に修道院で回覧され、大きな反響を呼んだことから、彼女の姉ポリーヌが編集して刊行され、版を重ね、外国語にも翻訳された。これがテレーズの列聖、さらにはその両親の列聖に結びついたのである。

10 ニコライ

　ＪＲ中央線の御茶ノ水《おちやのみず》駅の北側には徳川幕府直轄《ちよつかつ》の学問所だった湯島聖堂《ゆしませいどう》が建っている。そこには孔子の銅像も建っており、教えられたのは儒学《じゆがく》だった。そして、同じ駅の南側にニコライ堂が建っている。こちらは正教会の聖堂であり、正式な名称は「東京復活大聖堂《とうきようふつかつだいせいどう》」である。実は儒学は日本の正教会の発展に意外な貢献をしている。

　ニコライ堂の名は、日本に正教会の信仰を伝えたニコライ・カサートキンに由来する。ニコライは教会の輔祭を父として生まれたが、５歳で母を亡くし、下級聖職者の一家は貧しい生活を送っていた。それでもニコライは地元の神学校で勉学に励み、官費《かんぴ》生となってペテルブルグ神学校に進んでいる。

　転機になったのは、神学校で学んでいるあいだに、千島《ちしま》列島で測量中に幕府に捕縛され、松前・箱館（１８６９年函館に改称）で幽閉生活を送ったヴァシーリー・ゴロヴニーンの『日本幽囚記《にほんゆうしゆうき》』を読んで、日本の存在を知ったことで、１８６１年に箱館に司祭として赴任する。ただ、当時はまだ尊皇攘夷の時代で、布教活動は思うにまかせなかった。それでも、日本人の医師や僧侶から日本のことを学ぶ。プロテスタントではあるが日本人のキリスト者、新島襄《にいじまじょう》からも日本語を習っている。それで、日本布教の可能性を確信するようになり、１８６８年には、坂本龍馬《さかもとりょうま》の従兄弟である沢辺《さわべ》琢磨《たくま》など３名に正教会の洗礼機密を施す。この３名が日本での布教に邁進することになる。

ニコライは、一旦ロシアに戻った後、ふたたび来日し、すでに明治に時代が替わっていた１８７２年からは、駿河台に拠点をかまえる。ここに１８９１年、ニコライ堂が建設されることになる。

ニコライの果たした重要な仕事としては、新約聖書や正教会の「典礼書」を日本語訳したことがあげられる。その際に協力したのが、正教会の信者となった中井《なかい》木菟麻呂《つぐまろ》であった。中井は、大阪の有名な学問所、懐徳堂《かいとくどう》内で生まれ、明治になって廃止された懐徳堂の再建につとめる一方、ニコライに協力した。懐徳堂の学問の中心は、儒学をもとにした朱子学《しゅしがく》である。正教会では、機密（カトリックでいう秘跡）など特殊な用語を使うが、そこには、ロシア語の意味を正確に伝えようとした中井の試みが大きく影響していた。

11 ニコライ2世

ニコライ2世は、ロシアのロマノフ王朝の最後の皇帝である。彼はロシア革命によって退位し、皇后や４人の子どもたちとともに射殺されている。皇帝に即位するのは１８９４年のことだが、その３年前には皇太子として日本を訪問した。ところが、この訪問はロシアが日本との戦争を控えて行った敵情視察ではないかという疑いの声があがり、それを信じた巡査の手によって大津で切りつけられ、傷を負っている。これが「大津《おおつ》事件《じけん》」である。

それだけ、当時の日本とロシアとの関係は難しいものだったが、１９０４年には日露《にちろ》戦争が勃発し、ロシアは日本に負けている。敗戦の年に起こった革命はなんとか終熄《しゅうそく》させたものの、第1次世界大戦に巻き込まれ、１９１７年の2月革命でニコライ2世は退位する。射殺されたのは翌年7月のことだった。

ロシアにおいては、皇帝と正教会とは密接な関係を持ち、皇帝は正教会の庇護者としての役割を果たしてきた。ただ、ニコライ2世がとくに信仰が深かったわけではない。少なくとも、その信仰のために射殺されてはいない。したがって、殉教者とは言えない。なお、正教会では殉教者を「致命者《ちめいしゃ》」と呼ぶ。

しかし、ロシア革命によって成立したソビエト連邦の時代に、正教会が迫害を受けたことは事実である。１９１８年6月から１９１９年1月までのあいだに、３００名を超える聖職者が処刑されている。ソ連が崩壊し、ロシア連邦が成立すると、正教会の信仰は復活をとげ、国教の地位を獲得するまでに至る。新たなロシアにとって、ソ連時代は否定されるべきものであり、ニコライ2世はその犠牲者と位置づけられた。

ニコライ2世を列聖すべきだという声は、すでに射殺直後にあがっていた。だが、ソ連時代には、実現にむかうことはなかった。それでも、革命によって海外に亡命した正教会では、ソ連が崩壊する前の１９８1年にニコライ2世とその家族を列聖している。こうした正教会がロシアに進出するようになり、ロシアの正教会でもニコライ2世の列聖が議論になっていく。

ただ、賛否があり、列聖までには時間がかかった。その経緯については、前掲『キリスト教の歴史3』に詳しいが、２０００年に列聖された。ニコライ2世の一家を描いたイコンも描かれるようになっている。

12 ピオ神父

現代においても奇跡が信じられているのがキリスト教の世界である。マリアが出現したフランスのルルドは、一大聖地になったが、それも湧き出た泉の水が病を治すなどの奇跡を起こすとされたからである。バチカンでは、奇跡的な病気治癒が起こると、調査を行う。そこには医師も加わっていて、医学的に説明できないものが奇跡と認められる。ルルドにかんしては70例が奇跡と認定されている。

イタリアのピオ神父は１９６８年まで生きたので、現代の聖人である。亡くなる50年前の１９１８年９月20日の朝、ミサを捧げた後に祈っているとき、突如として十字架から光が発し、イエスと思しき人物が現れ、神父の両手、両足、脇腹には傷が現れた。これが、「聖痕《せいこん》」である。彼はテレーズの崇敬者でもあった。

イエスは十字架刑に処せられたわけで、手足には釘が刺され、脇腹は槍でつかれた。したがって、そのからだは傷つけられたわけで、聖人のなかには同じ箇所に傷が現れたという人物がいる。フランチェスコやアンナ・カタリナ・エンメリックには聖痕があったという。生前のピオ神父の写真が残されているが、たしかに両手には大きな傷がある。その傷の痛みは、最期まで神父を苦しめたという。

神父はその後祈りや断食の生活を送ることになるが、次第に神父があげるミサに多くの人たちがやってくるようになり、告解をする人々も後を絶たなかった。告解は、七つの秘跡の一つで、カトリックの信者は教会で神父に対して自らの罪を告白する。ピオ神父は、１日に10時間にもわたって告解を聞き続けたことがあったという。50年間、傷が開いたままになっていたこと自体が奇跡だが、他にも神父は空中浮揚や予言など数々の奇跡を起こしたとされる。

ピオ神父の遺体は、亡くなって40年が経った２００８年、地下聖堂から掘り起こされた。白骨化している部分もあったが、全体に状態は良好で、聖痕は消え去っていた。その後、顔はシリコンのマスクで覆われたため、遺体はまるで眠っているかのように見える。２０１０年には、彼に捧げられた聖パードレ・ピオ教会に安置されたが、２０１６年に彼の遺体はアメリカ合衆国を巡回している。その際には、聖痕から滴り落ちた血も巡回している。

13 マザー・テレサ

カトリック教会は、絶大な権力を誇り、ローマ教皇は皇帝や王たちと鋭く対立することもあった。しかし、16世紀の宗教改革によって、その権力は揺らぎ、社会の近代化が進むと、時代遅れの宗教と見なされるようにもなっていった。

そうしたカトリック教会のあり方を根本から刷新しようという試みが１９６２年から１９６５年まで続いた第二バチカン公会議である。教会をいかに現代化するかが第一の課題となり、ミサが各国語であげられるようになった。修道院の改革も行われ、修道士や修道女は修道院で祈りの生活を送るだけではなく、社会に出て行って人々を救う活動に邁進することを求められるようになった。マザー・テレサの出現は、こうしたカトリック教会の動向と無縁ではない。修道女はいかにあるべきか、彼女はそのモデルの役割を果たした。

テレサの名は、リジューのテレーズに由来する。本名はアグネス・ゴンジャ・ボヤジュで、今の北マケドニア共和国のコソボに生まれた。アイルランドの修道会に入ると、インドのカルカッタ（現在のコルカタ）の学校で教えるようになり、途中で終生誓願《せいがん》を立て、修道女となった。それ以降、カルカッタが彼女の活動の舞台になるが、１９４８年の段階で、すでに彼女はスラム街で活動するようになっていた。そして、１９５０年にはバチカンの許可を得て、「神の愛の宣教者会」を立ち上げる。２年後には、ホスピスの先駆となる「死を待つ人々の家」も開設している。

マザー・テレサは、そうした活動を生涯にわたって続け、ノーベル平和賞も受賞している。そんな聖人は彼女だけだが、これまで見てきた聖人とは異なり、殉教はもちろん、神秘体験や奇跡とは無縁である。そこには合理化が進んだ現代の時代性が深くかかわっているが、列福や列聖の際には、死後奇跡を引き起こしたことが報告されている。

彼女は生前から聖人になると見込まれており、列福や列聖の作業は異例の速さで進んだ。列福にはわずか6年しかかかっていないし、列聖されたのも死後19年目の前日だった。第二バチカン公会議による改革は大きな成果をあげたが、カトリック教会の信者は西ヨーロッパや中南米で減少し続けている。なんとかそれを食い止めたい。彼女の列聖が短期間で行われたのも、信仰を復活させる起爆剤になるのではと期待されたからである。

14 日本二十六聖人

長崎《ながさき》駅から5分ほど坂をのぼった西坂《にしざか》という場所に、「日本二十六聖人記念碑」があり、そこには記念館も併設されている。現在のフランシスコ教皇も、２０１９年に来日したおりには、そこを訪れている。

二十六聖人が西坂で処刑されたのは１５９７年のことで、それが日本における最初の殉教だった。それ以来17世紀の中頃まで、多くのキリスト教徒が処刑された。記念碑と記念館が建てられたのは、26人が列聖されて１００年が経った１９６２年のことだった。26人のなかには、日本人が20人含まれており、日本人で聖人となっているのは彼らだけである。ほかに、スペイン人が4人、ポルトガル人とメキシコ人がそれぞれ1人殉教している。

日本にキリスト教を最初に伝えたのが、イエズス会のフランシスコ・ザビエルで、その後、各国から宣教師が来日し、教えを広めていった。当時のキリスト教徒は「キリシタン」と呼ばれたが、最盛期には30万から40万人に達したとも言われる。長崎はその中心であり、大名だった大村純忠《おおむらすみただ》は教会領を寄進さえしている。

大村純忠はいわゆる「キリシタン大名」の一人で、他にもキリスト教に改宗する大名がいた。それも南蛮《なんばん》貿易が大きな魅力になっていたからで、すでに述べたように、イエズス会は貿易に積極的だった。天下を統一した織田《おだ》信長《のぶなが》や豊臣秀吉も南蛮貿易を推進した。しかし、秀吉は、１５８７年に「伴天連《バテレン》追放令」を出し、それはやがてキリスト教を禁教とする動きに発展していく。二十六聖人の処刑を命じたのも秀吉だった。処刑は長崎の人間４０００人が見守るなかで行われたという。

殉教熱の高まりは、ローマ帝国でキリスト教に対する迫害が続いていた時代にも見られたが、この時代の日本でも、殉教することで天に召されることを望む信者が少なくなかった。その後、禁教下の日本に海外から宣教師が潜入してきたのも、それが関係する。あえて殉教しようとしたのだ。

二十六聖人は、１８６２年にローマ教皇、ピウス９世によって列聖された。記念館には、そのうちの一人、ディエゴ喜斎《きさい》の聖遺物（腕の一部）が展示されている。二十六聖人の聖遺物は、処刑後、海外で保管されており、記念館が設立されると送り返されたのだった。

日本ではキリスト教徒の数が少ない。人口の1パーセント程度である。お隣の韓国が30パーセントほどなのとは大きく異なる。最近では中国でもキリスト教徒が増えており、10パーセント近くに達するとも言われる。日本の方が中国よりも、キリスト教徒の割合は小さいのだ。

しかも、日本のキリスト教の世界はカトリックとプロテスタントで二分されていて、カトリックだけだと人口の0・5パーセント程度になる。

正教会になると、はるかに少ない。

プロテスタントのなかでも、聖公会（イギリス国教会）に代表されるように、聖人崇敬を認められている宗派もある。だが、プロテスタントの多くの宗派では聖人崇敬は認められていない。序でも述べたように、プロテスタントが生まれた一つのきっかけが聖人崇敬に対する批判でもあったからである。

したがって、日本ではキリスト教の聖人に対する関心は決して高くはない。知識も限られている。決定的なのは、聖遺物に対する熱狂的な信仰を経験していないことである。

しかし、ここまで見てきたように、キリスト教の歴史をたどるなら、聖人の存在は見逃せない。キリスト教は、ユダヤ教からイスラム教へと至る一神教としてとらえられているが、中心的な教義である三位一体説に示されるように、そもそも多神教的な側面を持っている。その側面がとくに表れたのが聖人崇敬である。

日本は多神教の国で、八百万の神々を信仰してきた。実際、神社ではさまざまな祭神《さいじん》が祀られている。東照宮《とうしょうぐう》や靖国《やすくに》神社に見られるように、人を神として祀る風習もある。そうした日本人の神々への信仰と、キリスト教における聖人崇敬は明らかに似ている。それぞれの聖人には守護する分野が定められており、それも日本の神々と同じだ。逆に言えば、聖人崇敬を視野に入れると、キリスト教がぐっと身近なものに感じられてくる。信者の心性は変わらないのだ。

聖人のことについて見ていくことで、キリスト教に対する理解も変化してくるし、これまでとは違った見方ができるようになる。より信者の側、民衆の側からキリスト教の信仰をとらえることができるのだ。

実は、こうした事情はイスラム教についても言える。イスラム教においても聖者信仰は盛んで、信者たちは聖者に救いを求めてきた。とくに聖者の廟が信仰の中心で、信者たちはそこへ巡礼する。聖者として信仰されるのは、預言者ムハンマド、ムハンマドの子孫、修道者、奇跡を起こした人物、為政者《いせいしゃ》（後藤明《ごとうあきら》「イスラム巡礼総論」歴史学研究会編『地中海世界史4 巡礼と民衆信仰』青木書店）であり、これもキリスト教と共通する。一方で、原理主義の立場からは聖者信仰は否定される。こうした点も、キリスト教と同じだ。

この世界を創造した神は唯一絶対の存在であり、その点で絶大な権威を誇っている。すべては神が創造したもので、神があるからこそ、私たちも存在しているのである。

しかし、偉大な神は人間にとって遠い存在で、直接信者に救いの手を差し伸べてくれるようには思えない。そこで、もともとは同じ人間である聖人に信者は救いを求めることになった。

キリスト教の場合には、ローマ帝国に信仰が広がった時代に、迫害によって多くの殉教者が生まれたことが大きい。殉教者は聖人として崇敬され、数々の奇跡をもたらしてきた。さらには、イエス・キリストの家族や関係者、そして十二使徒、福音書作者などが聖人として崇敬された。

　それが、ローマ帝国によってキリスト教が公認され、国教としての地位を与えられると変化する。殉教者が現れることは少なくなり、キリスト教の信仰を拡大することに貢献した為政者、神学者、修道士などが聖人として崇敬されるようになる。彼らは殉教したわけではないが、その徳、あるいは神学の確立、宣教という面での貢献が聖人として崇敬するに値すると考えられたのだ。

　このように、時代によって聖人となる人物の生涯やあり方は変化していく。中世になると、今度はそこにさまざまな伝説が加えられるようになる。13世紀後半に編纂された『黄金伝説』は、まさに聖人にまつわる伝説の宝庫である。聖人が実際にたどった生涯よりも、伝説の方がはるかに人々のこころをとらえるようになっていく。これも、日本で中世の時代に、学術的には「中世神話」と呼ばれる伝説が数多く生み出されていったことと似ている。

　そうした伝説の時代が過ぎていくと、近世から近代にかけては、神学者や修道会の創始者、あるいは神秘家が聖人として崇敬されるようになる。それでも、聖人と奇跡との関係はなくなったわけではない。カトリック教会が福者を列聖する場合、奇跡を引き起こしたことが決定的な条件になっている。ピオ神父の聖痕など、科学的な立場からすれば疑いの目を向けられるかもしれないが、信者はそれを真実として信じてきたのである。

今回、数々の聖人を取り上げるなかで、一つの重要なポイントは、カトリック教会における聖人崇敬と正教会におけるそれとの違いである。カトリックと正教会のどちらでも聖人として認められている人物もいるが、片方だけで認められている聖人もいる。正教会については、日本ではあまり詳しくは知られていないが、独特の聖人崇敬があり、またそれを見ていくことによって正教会の特徴が浮かび上がってくるのである。

聖人崇敬の根底には、聖遺物への信仰がある。正教会ではそれを不朽体と呼ぶ。聖人の遺骨を崇敬の対象とするのは、あるいはグロテスクに感じられるかもしれない。だが、仏教には釈迦の遺骨「仏舎利」の信仰があり、それを祀る仏塔を建てることが、仏教を広めることに貢献した。あるいは、現代の日本人が墓参りを行い、墓に埋葬された先祖の遺骨に礼拝するのも、聖遺物崇敬と共通するところがある。遺骨は不思議と信仰を引き寄せる力を持っているのである。

聖人の姿を、あるいはその伝承や伝説を追うことで、キリスト教の歴史はこれまでと異なるものとして見えてきたのではないだろうか。キリスト教がより身近なものに感じられたかもしれない。あるいは、キリスト教がより特殊なものに思えたかもしれない。どちらにしても、聖人について見ていくことで、キリスト教像は大きく変わっていくのである。

索引（見出しの人名のみ）

あ行

アウグスティヌス……180
カンタベリーのアウグスティヌス……198
アエギディウス……200
アガタ……122
トマス・アクィナス……226
アタナシオス……164
アリマタヤのヨセフ……60
アルファイの子ヤコブ……82
アルベルトゥス・マグヌス……224
アンセルムス……214
アンティオキアのイグナティオス……116
アンデレ……68
大アントニオス……160
アンナ（聖母マリアの母）……42
アンブロジウス……174
ヤコブ（イエスの兄弟）……46
ヨセフ（イエスの養父）……40
イグナチオ・デ・ロヨラ……240
ヴァレンティヌス……130
ウラジーミル1世……208
エウペミア……138
エウロギウス……204
エフレム……166

か行

カテリナ……142
カトリーヌ・ラブレ……250
カンタベリーのアウグスティヌス……198
キプリアヌス……128
キュリロス……182
クリストフォロス……124
ヨハネ・クリュソストモス……176
グレゴリウス1世……196
ナジアンゾスのグレゴリオス……170
ニュッサのグレゴリオス……172
クレメンス1世……102
ゲオルギウス……144
コンスタンティヌス1世……150

さ行

フランシスコ・ザビエル……242
シメオン……56
熱心党のシモン……86
ジャンヌ・ダルク……232
十字架のヨハネ……248
シルウェステル1世……152
シンプリキアヌス……134
ステファノ……114
ベルナデット・スビルー……252
聖母マリア……38
ヨアキム（聖母マリアの父）……44
アンナ（聖母マリアの母）……42
セシリア……120
セバスティアヌス……132
セルギイ……230
洗礼者ヨハネ……48

た行

大アントニオス……160
大ヤコブ……70
タダイ……84
ジャンヌ・ダルク……232
徴税人マタイ……80
テトス……96
テモテ……98
テレサ……246
マザー・テレサ……262
テレーズ……254
イグナチオ・デ・ロヨラ……240
トマス……78
トマス・アクィナス……226
トマス・ベケット……216

トマス・モア……238
ドミニコ……220

な行

ナジアンゾスのグレゴリオス……170
ニコライ……256
ニコライ2世……258
ニコラウス……158
日本二十六聖人……264
ニュッサのグレゴリオス……172
熱心党のシモン……86

は行

パウロ……94
パウロス……156
バシレイオス……168
パトリキウス……192
バルトロマイ……76
バルナバ……100
パンクラティウス……136
ヒエロニムス……178
ピオ神父……260
ヒラリウス……162
ビルギッタ……228
ファウスティヌス……134
フィリポ……74
福音宣教者フィリポ……104
フランシスコ・ザビエル……242
フランチェスコ……222
トマス・ベケット……216
ペトロ……66
ベネディクトゥス……194
ベルナデット・スビルー……252
ベルナルドゥス……218
ヘレナ……154
ボニファティウス……202

ま行

マグダラのマリア……50
アルベルトゥス・マグヌス……224
マザー・テレサ……262
徴税人マタイ……80
マティア……88
聖母マリア……38
マルコ……106
マルタ……52
マルティヌス……188
トマス・モア……238

や行

アルファイの子ヤコブ……82
ヤコブ(イエスの兄弟)……46
大ヤコブ……70
ヤコボス……190
ユスティノス……118
ヨアキム(聖母マリアの父)……44
アリマタヤのヨセフ……60
ヨセフ(イエスの養父)……40
ヨハネ……72
ヨハネ・クリュソストモス……176
十字架のヨハネ……248
洗礼者ヨハネ……48

ら行

ラウレンティウス……126
ラザロ……54
カトリーヌ・ラブレ……250
ルイ9世……206
ルカ……108
ルキア……140
ロンギヌス……58

わ行

ワシリイ……244

著者略歴

島田裕巳《しまだひろみ》

作家、宗教学者。
一九五三年東京都生まれ。
東京大学大学院人文科学研究科博士課程修了。
放送教育開発センター助教授、日本女子大学教授、
東京大学先端科学技術研究センター特任研究員を歴任。
現在、東京女子大学、東京通信大学の両大学で非常勤講師を務める。
主な著作に『日本の10大新宗教』『葬式は、要らない』
『戒名は、自分で決める』『浄土真宗はなぜ日本でいちばん多いのか』
『なぜ八幡神社が日本でいちばん多いのか』
『もう親を捨てるしかない』（すべて幻冬舎新書）、
『性《セックス》と宗教』『帝国と宗教』（ともに講談社現代新書）等がある。

幻冬舎新書　703

キリスト教の100聖人
人名でわかる歴史と教え

二〇二三年九月二十五日　第一刷発行

著者　島田裕巳
発行人　見城　徹
編集人　小木田順子
編集者　志儀保博
発行所　株式会社　幻冬舎
〒一五一―〇〇五一　東京都渋谷区千駄ヶ谷四―九―七
電話　〇三―五四一一―六二一一（編集）
〇三―五四一一―六二二二（営業）
公式HP　https://www.gentosha.co.jp/
ブックデザイン　鈴木成一デザイン室
印刷・製本所　中央精版印刷株式会社

Printed in Japan　ISBN978-4-344-98705-0 C0295
し-5-14

*この本に関するご意見・ご感想は、左記アンケートフォームからお寄せください。
https://www.gentosha.co.jp/e/

幻冬舎新書

島田裕巳
なぜ八幡神社が日本でいちばん多いのか
【最強11神社】八幡／天神／稲荷／伊勢／出雲／春日／熊野／祇園／諏訪／白山／住吉の信仰系統

日本の神社の数は約8万社。初詣など生活に密着しているが、そこで祀られる多様な神々について我々は意外なほど知らない。八幡、天神、伊勢など11系統を選び出し、祭神を解説した画期的な書。

島田裕巳
靖国神社

靖国神社とは、そもそも日本人にとって何か。さまざまに変遷した１４５年の歴史をたどった上で靖国問題を整理し、未来を見据えた画期的な書。靖国神社の本質がついにこの1冊で理解できる。

島田裕巳
八紘《はっこう》一宇《いちう》
日本全体を突き動かした宗教思想の正体

戦時中の海外侵略を正当化し、戦前戦中の日本人を、天皇を中心とする熱狂に駆り立てた「八紘一宇」ということばと、それを創出した田中智学の謎に迫った、日本的精神を読み解く画期的論考。

島田裕巳
もう親を捨てるしかない
介護・葬式・遺産は、要らない

現代、子は介護地獄を受け入れるほどの恩を、親から受けたと言えるのか？　家制度も家族も完全に弱体化・崩壊し、親がなかなか死なない時代の、本音でラクになる生き方「親捨て」とは？

幻冬舎新書

島田裕巳

葬式格差

安い火葬代、小さな骨壺、遺骨引き取り不要、1万円で納骨可能……同じ死ぬなら、西日本にかぎる。こんな葬り方があるのか!? 盲点だった、なぜか知られていない全国他所の地域の常識を公開！

島田裕巳

二十二社

朝廷が定めた格式ある神社22

二十二社とは、天変地異の際、朝廷が神前に供物を捧げた22の第一級神社で、１０３９年、後朱雀天皇が定めた格式制度である。伊勢神宮、伏見稲荷から丹生川上神社まで、古の神に思いを馳せる画期的な神社ガイド。

島田裕巳

「ひいき」の構造

許せない他人への贔屓。密かに願う自分への贔屓。寵愛、馴染、タニマチ、常連、自担、推し……変容する日本人の「ひいき」とは何か？ 『「いき」の構造』『「甘え」の構造』に連なる画期的論考。

秋満吉彦

名著の予知能力

「１００分de名著」（ＮＨＫ Ｅテレ）で取り上げる作品を九年にわたり選び続けてきたプロデューサーが戦慄したのは、現代社会のありようを言い当てる「名著の予知能力」。画期的な「名著」の読み方。新しい出会い方。

幻冬舎新書

平井正修

悩むことは生きること
大人のための仏教塾

生死の不安や、抗えない悪感情など、誰もが抱く難解な悩みや疑問に、２５００年も前から向き合ってきた仏教。釈迦の教えを日々実践している禅僧が、シンプルだが本質的な95の疑問に答える。

中川右介

世襲
政治・企業・歌舞伎

日本の企業数は約３６７万社、うち99％は中小企業で、小規模な「家業」ほど世襲率は高くなる。システムとして無理筋かつ崩壊リスクも高い「世襲」はなぜ多いのか。目立つ三業界を徹底研究！

久坂部羊

寿命が尽きる2年前

2年後に死ぬとわかったら、あなたは何を想うでしょう。必ず来る〝その時〟はいつで、どうなる？　自分の寿命はどこまで延ばせるか。人気の医師作家による「楽に人生をまっとうする」方法。

倉阪鬼一郎

はじめてのトライアスロン

過酷で崇高な「鉄人レース」だけがトライアスロンではない。水泳が「プールで３００ｍ」という大会もある。46歳まで運動経験皆無、52歳までカナヅチだった著者による、最底辺からの体験的入門書。